古代歷史文化 研究輯刊

二四編

王明蓀 主編

第 4 冊

唐代學官研究（下）

董坤玉 著

國家圖書館出版品預行編目資料

唐代學官研究（下）／董坤玉 著 -- 初版 -- 新北市：花木蘭
文化事業有限公司，2020〔民109〕

目 4+166 面；19×26 公分
（古代歷史文化研究輯刊 二四編；第 4 冊）
ISBN 978-986-518-254-0（精裝）
1. 教育史 2. 官學 3. 唐代
618   109011110

ISBN-978-986-518-254-0

9 789865 182540

古代歷史文化研究輯刊
二四編 第 四 冊   ISBN：978-986-518-254-0

唐代學官研究（下）

作 　 者　董坤玉
主 　 編　王明蓀
總 編 輯　杜潔祥
副總編輯　楊嘉樂
編 　 輯　許郁翎、張雅淋　美術編輯　陳逸婷
出 　 版　花木蘭文化事業有限公司
發 行 人　高小娟
聯絡地址　235 新北市中和區中安街七二號十三樓
　　　　　電話：02-2923-1455／傳真：02-2923-1452
網 　 址　http://www.huamulan.tw 信箱 hml810518@gmail.com
印 　 刷　普羅文化出版廣告事業
初 　 版　2020 年 9 月
全書字數　253161 字
定 　 價　二四編 21 冊（精裝）台幣 62,000 元

唐代學官研究（下）

董坤玉　著

目

次

第四章　學官的家庭出身與地域分布

第一節　學官的家庭出身與入仕途徑兼論唐代的士族情況

　　隨著門閥士族特權政治的結束，中國官僚制度史就開始逐步改寫，官員的選拔越來越注重才學，淡化特權。使文官制度發生轉變的一個重要因素就是科舉制度的實行，從制度上為官員選用實現各階層平等提供了機會。隨著不斷地成熟與完善，科舉制度這根槓杆在各個階層的知識分子跳入學官這個領域的過程中都承載著日益重大的職責。這種新的官員選拔方式也使學官的來源變得更為豐富，從學官家庭的知識背景看來不外乎以下幾種情況：書香家庭；寒門家庭；和軍事色彩濃厚的家庭。這三種區分乍看上去似乎帶有某些不統一性，但是此處的區分主要側重文化背景的差別。書香家庭自不待言，而寒門則具體指那些前代少讀書人的普通人家；而軍事色彩濃厚的家族是指祖輩多出身行伍，倚仗軍功而非讀書入仕的家族。因此三者的區別在於家族文化背景的差異，而非官階、經濟地位的高低及其他因素。

　　在這一章中並非對所有擔任過學官的人全部進行分析統計，由於大部分學官的職位不是很高，史籍中有關學官任職的記載也並不完整，因此得以留名史書的只是其中很少的一部分，本書只選取其中的代表，即國子祭酒和博士（包括國子博士、太學博士、四門博士和廣文博士），對學官出身問題進行分析研究。之所以選取這些人作為研究對象，原因在於這兩種官職在學官整體中具有代表性。國子祭酒是國子監的最高行政長官，而博士是國子監各學

負責教學的最高品階的學官，分別是國子監行政與教學的主要負責官員，故而對這兩者進行分析有比較大的說服力。博士中尚有律學、書學、算學三館的博士未列入研究範圍，主要原因在於，這幾類學官在唐代的地位都不高、影響相對要小的多，得以留名史冊的人則少之又少，缺乏足以進行整體研究的數量，因此本書將研究的重點放在國子監儒學館學官的研究上，本章所指學官也大多是指儒學館的學官。本節主要打算解決以下問題：唐代學官的構成成分；各個階層與科舉制度的關係；宗室學官問題；學官世家問題；僧侶學官問題；軍事家族的文武轉變問題，並淺顯的涉及唐代士族的發展情況。

一、書香家族

學官中此類出身的人有兩種：一是新興士族或舊門閥士族，由於對於二者的劃分標準問題，歷來史學界都存在不同見解，因此，本書不打算在這個問題上花太多氣力，這也是本書之所以以文化程度高低，而不以士庶等作為劃分標準的原因；另外一種就是普通百姓家庭，數輩讀書入仕，而少有成為高官顯貴者。

（1）舊士族　魏晉以來傳統的士家大族不同於以往的貴族階級，他們以血緣親族關係的遠近為區分等級的標準，對於文化的壟斷與儒家的門風是他們的兩個重要特徵。士族儒雅的門風與深厚的文化修養原本是其家族社會門第產生的基礎。唐代科舉制度的實行，社會各個階層均可以「懷牒自舉」，打破了魏晉時期世家大族在政治、經濟和文化上的壟斷地位，人們只有通過平等競爭才能獲得入仕的機會，舊士族也不例外。科舉雖然打破了門閥制度銓選人才的門第政策，但並不是寒素的專利，具備較好的文化素養、經濟基礎、讀書條件的士族子弟，在科舉角逐中較寒素子弟仍然有許多有利條件。傅璇琮先生指出，一些高門大族及新興的貴族官僚，在科舉取士上仍有不可忽視的影響〔註1〕，田廷柱先生說士族有著較高的社會地位，優越的文化條件，在士庶競爭中，士族往往佔有優勢，其子弟多以進士、明經入仕〔註2〕。事實也確實如此，胡應麟曾舉崔氏為例，說明著姓在唐代影響仍然很大。「能詩之士彌眾，他姓遠弗如也。……初唐之融，盛唐之顥，中唐之峒，晚唐之魯，皆矯矯足當旗鼓。以唐詩人總之，占籍幾十之一，可謂盛矣。他如崔蕘、崔璪、

〔註1〕傅璇琮：《唐代科舉與文學》，陝西人民出版社1986年版，第209頁。
〔註2〕田廷柱：《隋唐士族》，三秦出版社1990年版，第189頁。

崔戰、崔琯，群從數十，秉銓列戟，當代所榮，而勳德文章，靡有傑出，吾無取焉。執政玄禕、祐甫差著，自余知溫、彥昭，登公相者十餘輩，而浮沉史傳，後世鮮知。總之，未敵《黃鶴樓》一首也」。〔註3〕胡應麟的論述從詩歌創作的角度證實了士族在唐代的文化地位。毛漢光先生說士族利用科舉延續了其政治生命〔註4〕，這與《通典》所說自貞觀後，「士族所趨向唯明經、進士二科而已」的說法是一致的。在唐代舊士族中出學官最多、學術成就最顯赫的家族莫過弘農楊氏。根據目前所見文獻，有確切記載的學官中，曾擔任過學官的弘農楊氏在有唐一代就有10人，且均為國子祭酒、國子（五經）博士等品級較高的學官，其中國子祭酒共 8 人：楊思玄（高宗時期任國子祭酒），楊溫玉（武則天時期國子祭酒），楊瑒（玄宗時期），楊綰（代宗時期），楊寧（憲宗時期），楊敬之（文宗時期），楊漢公（宣宗時期），楊授（僖宗時期）；弘農楊氏有國子博士、國子五經博士 2 人：楊松年（宣宗時期），楊思願（懿宗時期）。這不能不說是對舊士族文化程度的肯定。吳郡的陸氏有名儒國子博士陸德明，其子國子祭酒陸敦信；張氏有太宗朝國子祭酒張後胤等。此外，清和崔氏，京兆韋氏、河東裴氏、蘭陵蕭氏、吳郡陸氏等家族，在唐代都出了為數不少的學官，在唐代學官總數量中佔有很大的比重，具有相當大的影響。

　　關於唐代舊士族的發展情況，本書擬從學官角度予以認識。按附錄中《唐代國子祭酒表》進行統計，唐代國子祭酒中有舊士族共 32 人：楊師道、蕭璟、張後胤、令狐德棻、楊思玄、李嶠（進士）、韋嗣立（進士）、楊溫玉、沈伯儀、裴巽、韋叔夏（明經）、元儋（進士）、徐堅（進士）、楊瑒（門蔭）、劉瑗、劉秩（門蔭）、劉晏（制舉）、蕭昕（制舉）、楊綰（進士）、李揆（進士）、鄭令璡、鄭餘慶（進士）、劉宗經、裴佶（進士）、楊寧（明經）、李遜（進士）、王潔、楊漢公（進士）、楊授（進士）、盧渥（進士）、杜良杞、崔倬等。在已知出身的 107 個人中，占 30%，較之祭酒中占比例最高的普通書香家庭僅差2%，這相對來說已經是不小的數字了。因為這兩個群體所屬階層的基數有很大差異，舊士族畢竟在整個社會人口中只占很小的一部分，而隨著科舉制度的盛行，科舉考試選官範圍的空前擴大，平民百姓均可以懷牒自舉，可想而

〔註3〕《詩藪》外編卷三《唐》，第 174 頁。〔明〕胡應麟撰，上海古籍出版社 1979年 11 月新 1 版。
〔註4〕毛漢光：《中國中古社會史論》，第九篇《唐代士族的進士第》。

知在唐代有多少為了擠進仕途而數代埋頭苦讀的家庭,致使唐代非士族的普通書香家庭出身者急劇增多。唐代士族學官之所以多,原因在於其階層本身的文化優勢。士族的家學禮法是他們區別於其他社會階層的突出特點,陳寅恪先生在《隋唐制度淵源略論稿·禮儀章》中指出:「夫士族之特點既在其文風之優美,不同於凡庶,而優美之門風實基於學業之因襲。故士族家世相傳之學業乃於當時之政治社會有極重要之影響。」士族的世代傳習的學業大部分是儒家經典,加之家學在家族內部的世代傳襲又是一種比較穩定、不易受到外部環境影響的學術傳承方式,無論是在戰亂年代還是和平時期,不管社會如何變動,這種家族內部文化的傳承都是比較穩定的。因此,自從漢代學校制度廢弛、「博士傳授之風氣止息以後,學術中心移於家族……太學博士之傳授變為家人父子之世業」。自漢代以來,中原群雄逐鹿,學術得以傳承,士族對文化的世代傳襲作用是不可抹煞的。士族在失去政治特權之後,家學禮法成為他們藉以維持社會地位的一種工具。唐代的官學主要是以儒家經典為教學內容,這也是士族成為學官穩定來源的成因。

表一　唐代各時期國子祭酒中舊士族比例分析表

階段	高祖	太宗	高宗	武則天	中宗	睿宗	玄宗	肅宗	代宗	德宗
祭酒總人數	1	5	4	7	9	4	24	8	5	10
舊士族人數	0	3	2	4	2	0	5	1	4	2
比例	0	60%	50%	57%	22%	0	21%	13%	80%	20%
階段	順宗	憲宗	穆宗	敬宗	文宗	武宗	宣宗	懿宗	僖宗	昭宗
祭酒總數	1	10	5	1	9	0	5	1	4	2
舊士族人數	0	5	0	0	1	0	1	0	2	0
比例	0	50%	0	0	11%	0	20%	0	50%	0

　　從上面這個表格可以反映出,高祖時期國家甫經戰亂,統治者的注意力多集中在休養生息、重建社會秩序方面。學校教育此時剛剛起步,國家尚未投注太多的精力,加之此時舊士族歷經隋末戰亂打擊尚未從動盪中恢復過

來，因此這個時期國子祭酒僅有韋澄一人擔任，韋澄出身於一個普通家庭。在唐太宗、高宗、武則天時期，國子祭酒中舊士族所佔的比例非常高，分別為 60%、50%、57%，這也是士族在唐代學官中所佔比例最高的一段時期，由於此時國家開始全面復蘇，舊士族則已然痛定，開始尋求新的出路，恰逢科舉制度開始實行，重視經學，這就為家學相傳的舊士族提供了入仕的時機。而自中宗復位之後，舊士族在國子祭酒總人數中所佔的比例呈現一種下降的趨勢，這是由於武則天時期打擊舊士族提高庶族地主的政策，以及重進士輕明經的風氣，削弱了舊士族在學官選舉中的家學優勢，再加上庶族地主階級的興起，進一步降低了學官中舊士族出身的比例。士族學官與寒族出身的學官相比有這樣幾個特點：首先是大部分士族學官重名輕利，關心社會政治。這與他們家庭經濟狀況較為優越有密切關係，經濟上無後顧之憂，可以不用為生計所迫向權貴低頭、不用為博取功名而折腰，這也為他們博得了清名。退一步講即使無法做官還有家庭可以依靠，至少能保證生活無虞。寒族出身者則不然，寒窗苦讀數載，最現實最直接的目的就是改善生活狀況，所以一旦有仕進的機會，很多人都會像抓救命稻草般拼命抓住機會，甚至不惜以一世清名為代價。以上種種都使得唐代士族學官在教育領域中總體上要比寒門出身的學官影響大、學術成就高。這也與家庭的教育和經濟狀況有關，他們可以不愁生計，專心於攻讀經典，而士族本身所具有的深厚的文化根底為他們學術的發展提供了比較高的發展平臺。

唐代學校以儒學經典為教學內容，它的興衰成敗與士族地位的消長關係密切。因此，本書不揣淺陋，還想借學官問題的研究粗淺地表達一下對唐代士族問題的看法。由於科舉制度的實行使得唐代的官員任用制度發生了歷史性的劇變，所以唐代舊士族與寒族歷來都是史學界觀注的對象。本節受惠於各家成果之處頗多，但因關注對象的差異，容或與諸家之說有所不同，勢所難免。本書力圖從學官研究的角度，進一步論述唐代士族與寒族的發展狀況，從新的角度為史界對於唐代社會階層的研究提供新的研究資料。

以往不少學者都認為唐代科舉制度的實行，從根本上結束了門閥制度，舊的門閥士族在唐代消亡。但近來史學界不少學者從各個方面都發現魏晉南北朝以來的舊門閥士族雖然在唐代已然衰落，但又在政治、經濟、文化等各個領域發揮著重大的作用，制度的結束，並不意味著其歷史作用、社會影響的完全消失，因此將舊門閥士族作為一個階層，並對其社會作用與影響進行

分析，仍然是十分必要的。

首先從總體上分析，唐代舊士族學官科舉出身者多。唐代參加科考的人數眾多，據說每年約有數千，《唐會要》卷 75《選舉部下》記載，開元十七年（729 年）三月，國子祭酒楊瑒上言：「伏聞承前之例，每年應舉，常有千數。」〔註 5〕「開元、天寶之中，一歲貢舉，凡有數千；而門資、武功、藝術、胥吏，眾名雜目，百戶千途，入為仕者，又不可勝紀，比於漢代，且增數十百倍。」〔註 6〕各色人等均擠科舉考試一門，造成科舉及第非常不易，「其進士，大抵千人得第者百一二；明經倍之，得第者十一二。」〔註 7〕那麼舊士族學官與科舉的關係是怎樣的呢？下面對表二「唐國子祭酒中舊士族的科舉出身情況簡表」進行分析：

表二　唐國子祭酒中舊士族的科舉出身情況簡表

階段（士族總人數）	高祖（0）	太宗（3）	高宗（2）	武則天（4）	中宗（2）	睿宗（0）	玄宗（5）	肅宗（1）	代宗（4）	德宗（2）	順宗（0）
科舉出身人數	0	0	0	2	1	0	3	0	4	1	0
進士人數	0	0	0	2	0	0	3	0	2	1	0
明經人數	0	0	0	1	0	0	0	0	0	0	0

階段（總人數）	憲宗（5）	穆宗（0）	敬宗（0）	文宗（1）	武宗（0）	宣宗（1）	懿宗（0）	僖宗（2）	昭宗（0）	哀帝（1）
科舉出身人數	4	0	0	0	0	1	0	2	0	0
進士人數	3	0	0	0	0	1	0	2	0	0
明經人數	1	0	0	0	0	0	0	0	0	0

（注：此表中各階段舊士族祭酒的人數超過 32 人，是因為有的人曾任兩朝學官，此處對每一朝代的所有學官都做了統計，如果盲目的加在一起，就會產生錯誤。以下各表均存在此問題）

從表格可以看出，國子祭酒中出身於舊士族並明確記載為科舉及第的共有 16 人，約占舊士族總人數的 50%，其中進士 12 人、明經 2 人、制舉 2 人。

〔註 5〕《唐會要》卷七十五《選舉》，第 1376 頁。
〔註 6〕《通典》卷十八《選舉六・雜議論》，第 455 頁。
〔註 7〕《通典》卷十五《選舉三》，第 357 頁。

－154－

此外門蔭2人，其餘15人入仕途徑無明確記載。隨著科舉制度日益成為入仕的主要途徑，舊士族憑藉自身家學、禮法的修養，有著比普通人更強的優勢，他們一旦適應新的考試制度，在考場上就會有較強的競爭力，正因為這個原因，所以國子祭酒中的舊士族大部分都是科舉出身。舊士族在科舉中有著很強的優勢，以唐代河北范陽士族盧氏為例，從唐德宗興元元年（784年）到唐僖宗乾符二年（875年）的九十年間，登進士第者達116人〔註8〕，從唐代每年進士取士不過二十人來看，這一數字是相當驚人的。〔註9〕《唐書》中的高官顯貴，很大部分也是由崔、盧、李、鄭、韋、柳、杜、裴等士族所包攬的。這些都反映了一個現實，就是士族憑藉文化優勢，通過科舉考釋入仕有著得天獨厚的優勢。

　　舊士族通過科舉入仕，與科舉中興盛起來的其他新興貴族相結合，共同構成新的貴族階層。唐代新的貴族勢力又依靠操縱科舉形成新的門閥，魏晉以來依靠門第存在的門閥士族在唐代借助科舉形式而繼續存在。大中七年（853年），崔瑤知貢舉，「以貴要自恃，不畏外議。牓出，率皆權豪子弟。」〔註10〕又孫棨《北里志》序謂：宣宗時貢舉，及第者「率多膏粱子弟，平進歲不及三數人。」由於貴族勢力的大量存在，導致寒門出身的官員經常受到貴族勢力的歧視。學官群體中也存在這種歧視現象，李翱作《韓公行狀》中，講了韓愈在國子監學官會食時的一段逸事：「（韓愈）入遷國子祭酒，有直講能說禮而陋於容。學官多豪族子弟，摒之不得共食。公（指韓愈）命吏曰：召直講來，與祭酒共食。學官由此不敢賤直講。」這則史料交待了國子監學官的成分，說明學官中貴族子弟是佔了很大比例的。貴族通過科舉使門閥制度改頭換面繼續存在，唐代並未從根本上結束門閥制度。但唐代舊士族這種依靠科舉鞏固政治地位的情況，與魏晉時期的士族有著根本的區別。魏晉時期的士族是依靠門第、家世以鞏固政治地位，而唐代舊士族與寒族在科舉考試面前卻是平等的。庶族依靠科舉致身高位而提高門第，士族亦須藉科舉入仕以維持門第。魏晉士族與唐代舊士族的區別在於魏晉士族走的是由政治特權進而掌握文化特權的道路，而唐代士族經歷的是依靠文化優勢通過科舉取

〔註8〕《唐語林校正》卷四《企羨》，第382頁。
〔註9〕《文獻通考》卷二十九《選舉考》，第280頁。按：《唐史》、《摭言》載華良入為京兆解不第，以書讓考官曰：「聖唐有天下垂二百年，登進士科者三千餘人。」以此證之，則每歲所放不及二十人也，《登科記》不誤矣。
〔註10〕《唐語林校正》卷三《方正》，第214頁。

得政治地位的歷程。產生這種差別的根源在於統治者用人制度的變化，唐代實行的科舉制度取代了魏晉以來以九品中正制為代表的貴族特權制度。《唐摭言》卷九謂「彼之得因我也，失亦因我也；殊不知三百年來，科第之設，草澤望之起家，簪紱望之繼世；孤寒失之，其族餒矣；世祿失之，其族絕矣。」〔註11〕士族貴族在唐代逐漸官僚化，而依靠科舉入仕的寒族也形成了新貴階層。直到宋朝，經過科舉制度的進一步改革才徹底消除了門閥制度賴以寄生的母體，基本上消除了唐代士庶合流中保留的貴族制度殘餘。王明清曾說：「唐朝崔、盧、李、鄭及城南韋、杜二家，蟬聯珪組，世為顯著。至本朝絕無聞人。」〔註12〕《河南程氏遺書・入關語錄》謂：宋代「無世臣」，「無百年之家」。方勺也說：「李唐一門十相者良多，至聞喜裴氏、趙郡李氏，一家皆十七人秉鈞軸，何其盛也！本朝（北宋）父子繼相，韓、呂之後未聞。」〔註13〕「韓」指韓琦，歷相宋仁宗、英宗、神宗。其子韓忠彥在宋徽宗時為相。「呂」指呂蒙正，宋太宗時為相。其姪呂夷簡，宋仁宗時為相。夷簡之子呂公著，宋哲宗時為相。北宋一百六十餘年中，繼世為相者僅此二家。王炳照先生指出「故世族之退出歷史舞臺，不但在於舊的門閥的沒落，尤在新的門閥的不能產生。所謂時移世易，才是根本原因。所以，門閥士族乃是在唐代科舉制下士庶合流中逐漸消失的，而士庶合流則是在宋代科舉改革中逐漸蛻盡其世族殘餘，從而建立起面目一新的非門閥政治的官僚體制的。世族和士庶關係的歷史結局在此，唐宋社會變革的真諦也在此。」〔註14〕

其次，通過「唐國子祭酒中舊士族的科舉出身情況簡表」，分別對各階段舊士族學官的科舉入仕情況進行分析。從表格可以看出，國子祭酒中的舊士族首次科舉及第是從武則天時期開始的，此後，各時期國子祭酒中舊士族科舉出身者所佔的比例都在半數以上。這是由於唐代前期統治者，尤其唐太宗修《氏族志》、武則天時修《姓氏錄》，基本上取消了士族的特權，舊士族此時處於從權力之峰跌落地面的消沉階段。但是舊士族並未就此消沉，一旦接受現實，他們往往會憑藉他們的家學淵源，通過科舉入仕為官，從而重新取得地位和權勢。在武則天時期他們已經適應了新的科舉制度，開始走上這條

〔註11〕《唐摭言》卷九《防慎不至》，第181頁。
〔註12〕《揮麈錄》前錄卷之二第52條，第20頁。〔宋〕王明清撰，中華書局1961年10月第1版。
〔註13〕《泊宅篇》卷一，第5頁。
〔註14〕王炳照、徐勇主編《中國科舉制度研究》，第313頁。

新的入仕途徑，通過文化優勢實現了家族的復興。自唐高宗、武則天之後，重詩詞歌賦的進士科成為「士林華選」，進士及第被看作「白衣公卿」、「一品白衫」，士人均以考取進士為榮，而明經科地位則大大降低。這種變化，導致時人多以進士為重，習文辭詩賦成風，從科舉的出身情況看，舊士族進士出身的人數要大大超出明經與制科，這說明舊士族一直在努力適應並迎合了社會風氣。

（2）宗室學官　提到士族學官，就不能不對唐代李唐宗室學官進行特別的注意。終唐之世，李唐宗室中僅擔任過國子祭酒的人就有 18 位。其中，武則天時一位：李重福；玄宗時 8 位：李嶠，李訥，李道堅、李仲思、李祗、李麟、李偕、李健；肅宗時 4 位：李傑、李伶、李儀、李俠；肅、代兩朝祭酒李揆；德宗時祭酒李淑、李約；昭宗時祭酒李涪；此外還有一位時間待考的祭酒李拱。宗室學官的出現主要集中在唐玄宗、肅宗時期。在這些祭酒當中，除了李嶠、李仲思、李偕、李健等在史書中都有明確記載是國子祭酒同正員外，玄宗時國子祭酒李祗應當也是同正員官。據《舊唐書》卷 24《禮儀志》：「（天寶）十載正月，四海並封王，遣國子祭酒嗣吳王祗祭東嶽天齊王，太子家令嗣魯王宇祭南嶽司天王，秘書監崔秀祭中嶽中天王，國子祭酒班景倩祭西嶽金天王……」由於終唐一代，正命國子祭酒同一時間只能有一人，而天寶十載卻同時出現了兩個國子祭酒，因此這兩個人中必然有一個是員外官。查閱相關史料，李祗任祭酒一事僅此一條記錄，而班景倩任祭酒的事史書中多處有載。加之，此前不少宗室人員如李嶠、李仲思、李偕、李健等都有曾擔任國子祭酒同正員的例證，由此推斷，天寶十載祭祀嶽瀆時的正命國子祭酒是班景倩，而李祗所謂的祭酒身份實際上是國子祭酒員外同正員。由此類推，唐肅宗時的四位祭酒李傑、李伶、李儀、李俠應該也是同一種情況，可惜目前無其他史料加以佐證。以上這些國子祭酒員外同正員大都是皇帝的長輩或直系親屬，李仲思與唐玄宗的祖父唐高宗李治同輩，李嶠是唐玄宗的堂兄弟，李偕、李健是唐玄宗的孫子。宗室子弟之所以擔任國子祭酒員外同正員官，是由於國子祭酒社會地位清望，且政務較少，被委任以這樣的官職，既獲得了地位和清名，又不介入重大的政治活動，利於明哲保身，而且也不會給民眾造成黃帝以天下為私的感覺。此外，宗室中還有博士（包括國子博士、太學博士、四門博士、廣文博士）4 位，他們分別是：憲宗朝國子博士李翱；文宗朝國子博士李訓；僖宗朝國子博士李內恭；和宣宗朝廣文博士李彬。

　　唐代宗室子弟中為何能夠出現如此多的學官呢？據本人初步分析，主要有兩點原因。

　　首先，唐代宗室子弟自身文化水平普遍較高。這些宗室祭酒、博士雖然都是皇帝的宗親，但能夠成為祭酒、博士，都有著較高的文化水準，如李訥「□（器）識淳和，風儀閑雅，師氏之訓，人範允歸」〔註 15〕；李道堅「方嚴有禮法，閨門肅如」；李揆被代宗皇帝歎為三絕「門地、人物、文學皆當世第一」〔註 16〕李麟則「好學，善文辭」〔註 17〕；李翱「幼勤於儒學，博雅好古，為文尚氣質。」〔註 18〕宗室子弟能夠有這樣的成就，與唐代皇帝重視皇室子弟的教育有關。皇子皇孫雖然出生於皇族，有著高貴的血統、優越的生活條件，但一般情況下，都要接受比較嚴格的教育，這是他們作為未來統治者或者輔弼者的必然要求，除了要為黎民百姓樹立榜樣，也是保證本宗族對國家進行有效統治、維護宗族統治地位的必然要求。唐高祖甫有天下，就於武德元年（618 年），下令「詔皇族子孫，及功臣子弟，於秘書外省，別立小學。」〔註 19〕異常重視皇族教育。而唐太宗則通過將皇帝與百姓比附為舟與水的關係，使皇室子孫意識到水可載舟，亦可覆舟的道理，教育子孫居安思危，提高自身素質。自越王李貞父子起兵反對武則天的行動失敗之後，武則天對李氏子孫大加殺戮，「自是宗室諸王相繼誅死者，殆將盡矣。其子孫年幼者咸配流嶺外，誅其親黨數百餘家。」〔註 20〕唐玄宗即位以後，招回被貶皇室、安撫宗室子孫，為他們封官以壯大皇室統治根基，這也是唐玄宗時期不少宗室子弟被封為祭酒員外同正員的背景。此外，唐玄宗還發布了《誡勵宗室詔》，將一些宗親子弟安排進入國子學接受教育：

　　　　朕奉天明命，虔受睿圖，而皇室子弟，未能稱職。堂侄餘慶、承煦、紹宗、行淹、祚洽，再從弟遂、志謙等，不能謹身奉法，而乃輕侮國章，擯斥邊隅，未為塞責。朕憫其愚昧，屈法申恩，並追赴京，令於國子監安置讀書。如悔過自新，克復先訓，所司條奏，當議其官。皇宗親更有左貶嶺南邊遠州，非惡逆緣坐等色，亦宜準

〔註 15〕《唐代墓誌彙編續集》開元〇九三《大唐故嗣韓王墓誌銘》，第 517 頁。
〔註 16〕《新唐書》卷一百五十《李揆傳》，第 4808 頁。
〔註 17〕《新唐書》卷一百四十二《李麟傳》，第 4663。
〔註 18〕《舊唐書》卷一百六十《李翱傳》，第 4205。
〔註 19〕《唐會要》卷三十五《學校》，第 633 頁。
〔註 20〕《舊唐書》卷六《則天本紀》，第 119 頁。

此。其有見任別駕，年齒尚幼，未堪理百姓者，宜委中書門下及新
興郡王晉李思訓等簡擇追赴京，其祿俸一事已上，並委本州勾當，
每季附送入京給付。其餘慶等本州祿亦準此。宗親中有才行灼然為
眾推挹者，按察使具名以聞，朕當擢以不次。自今後有犯贓私違禮
經者，準法科處，刑茲無捨。庶敦睦之情，必聞於九族，自家刑國，
允洽於群心。宜各勉勵，以識朕意。〔註21〕

苦口婆心勉勵宗室子孫以武則天統治時期皇室的災禍為教訓，敦睦九族，奮
發有為，共同維護祖宗的基業。《新唐書·宗室世系表》中統計，李氏皇族在
唐代做過宰相的有12人〔註22〕。宰相之外，宗室子孫做官的難以一一備舉。
唐朝宗室子弟的教育是為歷代學者所稱道的，清代王夫之曾稱「宗室人才之
盛，未有如唐者也」，「唐宗室之英，相者、將者、牧方州守望郡者，臻臻並
起，而恥以紈袴自居，亦無有夢天吠日、覦大寶而干甸師之辟者。」原因就
在於能夠「節其位祿之數，登之仕進之塗，既免於槁項無聞之憂，抑獎之於
德業文章吏治武略之美，使與天下之英賢匯進而無所崇替，固將蒸蒸勸進而
為多士之領袖以藩衛天家。……制之有等，授之有道，而後欲貴者之果能貴，
欲富者之果能富也，義之至、仁之盡也，大公行而私恩亦遂矣。」〔註23〕只
有在統治末期處於苟延殘喘、朝不保夕的情況下，皇室子孫的教育才會被忽
略，甚至罔顧。

　　其次，宗室子弟為官條件得天獨厚，是造就宗室學官人數較多的外部原
因。除了教育上的優勢之外，宗室貴族做官有著更為得天獨厚的條件，唐初
建國為了增強同宗的震懾力量，唐高祖把和自己同高祖（三代祖）以下的兄
弟及子侄「舉宗正籍，弟侄、再從、三從孩童已上封王者數十人」〔註24〕，
使宗室子孫皆有封爵。唐太宗即位，對濫封宗室行為進行了整頓，雖然只封
有功宗室為王，其餘諸郡王一律降為郡公、縣公。但他還是在貞觀五年（631
年）命令宗室和勳貴「作鎮藩部，宣條牧民，貽厥子孫，嗣守其政，非有大
故，無或黜免。」〔註25〕不久即封荊王元景等二十一王為諸州都督刺史，使

〔註21〕《全唐文》卷二十六《玄宗皇帝·誡勵宗室詔》，第296頁。
〔註22〕張澤咸《唐代階級結構研究》第二章《貴族官僚地主》，第45頁。張先生認
　　　　為史臣宋祁雲宗室宰相9人之說實誤，未將李宗閔、李麟和列入《姦臣傳》
　　　　的李林甫計算在內，將3人計入則總共12人。
〔註23〕《讀通鑑論》卷二十《唐高祖》，第589頁。
〔註24〕《貞觀政要》卷三《封建第八》，第98頁。
〔註25〕《唐大詔令集》卷六十五《封建功臣詔》，第358頁。

子孫世襲。隨後,「皇子年幼者,多任都督刺史」〔註26〕,因為受到褚遂良的諫阻,沒有讓年幼的宗子外出。宗親受封之茅土食邑雖多屬虛名,但所受封國與爵,很多都是父死子繼,世代相承。唐德宗貞元二十一年(805 年),敕令「宗子陪位,放五百七十人出身。」唐穆宗長慶元年(821 年)敕放三百人,宗正寺上奏「伏緣人數至多,不霑恩澤,白身之輩,將老村閭。乞降特恩,更放二百人出身」〔註27〕,要求皇帝照顧宗室子弟,皇帝允許。文宗開成時又規定「宗子每進文疏,及舉選文狀……並令具姓氏,不得更言皇從。但令各於姓名下,稱某王房,即便可以辨別。〔註28〕」為宗室子弟入仕為官提供了便利的途徑。〔註29〕良好的外部條件,再有自身較好的文化素質,造就出唐代為數眾多的宗室學官。

(3)普通書香家庭　在這一部分,將闡明兩個問題:一是對唐代出身書香家庭的學官情況進行對比說明,第二是對唐代累世學官情況進行初步分析。

唐代普通百姓中不乏有數輩讀書的家庭,這樣就為其後代子孫讀書、做官打下了良好的基礎。唐代學官中這種情況也很多。典型者如:唐太宗時祭酒孔穎達,出身無名,其曾祖靈龜,魏國子博士,以學行禪家,於是為穎達成為博學通儒奠定了基礎,穎達「八歲就學,誦記日千餘言」,成為歷史上的名儒,「穎達子志,終司業。志子惠元,力學寡言,又為司業,擢累太子諭德。三世司業,時人美之。」〔註30〕沒有家庭深厚的文化積澱,怎麼可能累世都造就出高素質的學術人才呢?唐代科舉制度的實行,最得意者莫過於這些有家學傳統的普通家庭,他們介於士族與寒素之間,因此在朝廷中各黨派時常為了士庶出身發生爭鬥、變易取士規則時,普通書香門第出身的人反而可以不受任何階層鬥爭的干擾,一門心思的憑自身的才學入仕,這也是普通家學出身的學官在祭酒總人數中比例最高的原因。按表五《唐祭酒的家庭出身份析簡表》,唐代出身於有普通書香門第家庭的國子祭酒有 34 人,占總人數的34%,比舊士族出身的人高出 3%,比寒門家庭高出 15%。觀察表三,對唐代國子祭酒中普通書香門第家庭的科舉情況進行簡要分析。

〔註26〕《唐會要》卷四十七《封建雜錄》,第 831 頁。
〔註27〕《唐會要》卷六十五《宗正寺》,第 1143 頁。
〔註28〕《唐會要》卷六十五《宗正寺》,第 1144 頁。
〔註29〕以上論述參見張澤咸《唐代階級結構研究》第二章《貴族官僚地主》第一節「皇帝、皇室與外戚」,第 31~49 頁。
〔註30〕《新唐書》卷一百九十八《孔穎達傳》,第 5645 頁。

表三　唐國子祭酒中普通書香門第家庭科舉出身情況分析簡表

階段（總人數）	高祖（1）	太宗（1）	高宗（1）	武則天（0）	中宗（1）	睿宗（2）	玄宗（6）	肅宗（2）	代宗（1）	德宗（3）
科舉出身人數	0	1	0	0	1	2	4	2	1	1
進士人數	0	0	0	0	0	0	2	1	0	1
明經人數	0	1	0	0	1	2	1	1	1	0
階段（總人數）	順宗（0）	憲宗（3）	穆宗（2）	敬宗（0）	文宗（6）	武宗（0）	宣宗（0）	懿宗（1）	僖宗（0）	昭宗（1）
科舉出身人數	1	2	2	0	4	0	0	1	0	1
進士人數	0	2	2	0	3	0	0	1	0	1
明經人數	0	0	0	0	1	0	0	0	0	0

　　在普通書香家庭出身的國子祭酒中，科舉出身的人有 18 人，占到了 53%，比舊士族中科舉出身的比例還高出 3%，說明相對於可以憑藉舊有的關係網、以其他途徑入仕的舊士族，普通家庭只能將主要精力集中在科舉入仕一途上，雖然後來藩鎮幕府等成為新的入仕途徑，但正統的科舉入仕才是爬升高位的主要槓杆，是普通家庭出身的士人所追求的主要目標。還可以看出，普通書香家庭通過科舉成為國子祭酒最早發生在唐中宗時期，可見同其他朝代一樣，國家剛剛建立時，官員多數由參預政權建立的人和前朝的眾多遺老組成，官員的更新要經過相當一段時間以後才能開始。眾多研究人員所謂的科舉制度摧毀了門閥制度，使新興地主階級登上了歷史舞臺，使政權結構發生變化的論斷，是有道理的，而這些普通家庭出身的、有一定知識背景的官員則成為科舉制度下新興地主階級的主要構成人員。

　　總之，無論是舊士族、皇室宗族還是有家學傳統的普通家庭，這部分人有一些共同的特點就是有一定的文化積澱。他們不同於軍事家族、不同於貧寒無資的家庭，這些人構成了唐代學官的主體，這三部分出身的國子祭酒共有 83 人，占唐代國子祭酒人員已知出身（107 人）的 78%。另外，在這些有家學傳統的家族中有一個特殊的情況，就是有相當多的家庭一連數世、或未隔幾代便有人擔任學官。除了前面提到過的三世司業的孔穎達家族，還有三世博士的家族，隋太學博士賈演、其子賈公彥在高宗朝任太學博士、其孫賈玄贊在高、武時期任太學博士。此外，武則天時期的國子祭酒楊溫玉、他的

侄子楊玄璬曾擔任國子司業、孫子楊縮曾任國子祭酒；憲宗朝國子祭酒楊寧，其子楊漢公曾任宣宗朝國子祭酒，其孫楊思願曾任國子博士〔註31〕；楊師道、楊思玄叔侄二人都曾做過國子祭酒；張說與伯父張光俱為國子祭酒；祭酒李揆，其孫李訓曾任國子博士；祭酒鄭餘慶，子鄭瀚曾任國子博士；劉晏為國子博士，其子劉宗經也曾做過國子祭酒；祭酒孔戣，其子四門博士孔質；著名學官國子祭酒韓愈，其子韓昶曾任國子博士，等等。累世學官家族舉不勝舉，主要出在舊士族與普通書香家族之中。為何唐代會出現這種情況？這除了與這些人家學的傳承有著千絲萬縷的聯繫之外，恐怕還與他們的前輩曾在相關部門任職，為後輩創造了一定的社會關係有關。

另外，還有一些制度上的規定可能會對學官世家的產生有著一定的影響。

首先，朝廷對於名儒世家的褒獎對於學官世家的產生起了一定的刺激作用。唐高祖曾因史孝謙教育兒子習讀儒經，訓導有方，特下詔予以拔擢、賞賜，詔書內容如下：

> 自隋以來，離亂永久，雅道淪缺，儒風莫扇。朕膺期御宇，靜難齊民，欽若典謨，以資政術，思宏德教，光振遐軌。是以廣設庠序，益召學徒，旁求俊異，務從獎擢。寧州羅川縣前兵曹史孝謙，守約邱園，伏膺道素，爰有二子，年並幼童，講習《孝經》，咸暢厥旨。義方之訓，實堪勵俗，故從優秩，賞以不次。宜普頒示，咸使知聞。如此之徒，並即申上，朕加親覽，特將褒異。〔註32〕

太宗皇帝則直接下令優異名儒學徒，引擢名儒子孫，《全唐文》卷三《太宗皇帝·官皇侃等子孫詔》：

> 梁皇侃、褚仲都，周熊安生、沈重，陳沈文阿、周宏正、張機，隋何妥、劉炫等，並前代名儒，經術可紀。加以所在學徒，多行其疏，宜加優異，以勸後生。可訪其子孫見在者。錄名奏聞，當加引擢。〔註33〕

此後歷朝皇帝在登基詔書、冊太子德音、以及大赦詔令中都有訪求、拔擢大儒，及賞賜名儒後代的內容，在《唐大詔令集》中材料眾多，此不贅舉。這

〔註31〕 參見《唐代墓誌彙編續集》咸通〇〇八《唐故銀青光祿大夫檢校戶部尚書使持節鄆州諸軍事守鄆州刺史上柱國弘農郡開國公食邑二千戶弘農楊公墓誌銘並序》，第 1037 頁。

〔註32〕《全唐文》卷三《高祖皇帝·擢史孝謙詔》，第 37 頁。

〔註33〕《全唐文》卷三《太宗皇帝·官皇侃等子孫詔》，第 77 頁。

些政策都是刺激學官世家產生的誘因。

　　其次：唐代教育開始有了脫離政治，走向獨立的傾向，這在唐代教育的歷史地位與特點一章中有明確的闡述。作為教育主體機構的國子監在唐代有了一定的自主權，在學官選任方面，國子監長官獲得了一定的選任學官的權力。從唐玄宗時期開始，國子祭酒有了舉薦學官的權力，如玄宗朝國子祭酒陽嶠：「引尹知章、范行恭、趙玄默為學官，皆名儒冠云。〔註34〕」穆宗長慶元年（821年）頒布《南郊改元德音》：「三代致理，皆重學官；兩漢用人，蓋先經術。天下諸色人中，有能精通一經堪為師法者，委國子祭酒訪擇，具以名聞，將加試用。稱成康之盛，則舉措刑；贊文景之德，亦言斷獄。」〔註35〕又在同年《長慶元年冊尊號詔》中下達了同樣的詔令：「天下諸色人中，有能精通一經、堪為師法者，委國子祭酒訪擇。〔註36〕委任國子祭酒訪擇天下能通一經、堪為師法之人。敬宗皇帝寶曆元年（825年）《南郊赦文》也稱：「澄清教化，莫尚乎太學；惣治心術，必本乎六經。天下諸色人中，有能精通一經，堪為師法者，委國子祭酒選擇，具以名奏。」〔註37〕於是國子祭酒韓愈舉薦張籍為國子博士，《全唐文》卷550《韓愈舉薦張籍狀》：「官學有師法，文多古風；沉默靜退，介然自守；聲華行實，光映儒林。臣當司見闕國子監博士一員，生徒藉其訓導。伏乞天恩，特授此官，以彰聖朝崇儒尚德之道。謹錄奏聞，伏聽敕旨。」得到批准。文宗皇帝時下達了國子祭酒負責訪擇五經博士的詔令，「今寰宇乂寧，干戈已戢，皇太子方從師傅，授傳六經，一二年之後，當令齒胄國庠，以興墜典。宜令國子監於諸道搜訪名儒，置五經博士各一人。其公卿士族子弟，明年已後，不先入國學習業，不在應明經進士之限。」〔註38〕一方面國子監長官有權訪擇學官，學官子弟們便有了近水樓臺的優勢。另外，學官為人師表，「非博雅莊敬之流，固不得臨於是」〔註39〕，身為學官家庭的子弟耳濡目染長輩們的言行，自然不用刻意模仿就可達到言行堪為師法；而學官家庭秉承著官方教育的理念，對後輩讀書入仕都有著得天獨厚的條件。以上幾點對於唐代學官世家的產生應該都有著重要意義。

〔註34〕《新唐書》卷一百三十《陽嶠傳》，第4493頁。

〔註35〕《全唐文》卷六十六《穆宗皇帝·南郊改元德音》，第703頁。

〔註36〕《唐大詔令集》卷十《長慶元年冊尊號詔》，第61頁。

〔註37〕《全唐文》卷六十八《敬宗皇帝·南郊赦文》，第720頁。

〔註38〕《全唐文》卷七十四《文宗皇帝·冊立皇太子德音》，第782頁。

〔註39〕《全唐文》卷五百八十《四門助教廳壁記》，第5856頁。

二、無家學傳承的寒門家庭

　　這一部分主要解決兩個問題：一是分析寒門家庭的學官情況；二是敘述唐代特殊的學官群體──道士、僧侶。

　　自唐初「大設科場」後，寒門庶族群起響應，「盡施於才藝」，隋唐四門學的設立就是專門為寒門子弟提供的一條入仕途徑，「庶民之子為俊士者」均可入國子監所屬的四門學學習。通過科舉，出身孤寒的人也可以取得官位。唐憲宗元和十一年（816年），「李涼公下三十三人皆取寒素」〔註40〕。科舉制度為普通百姓架起了登上政治舞臺的階梯，甚至原來地處偏遠地區的讀書人也開始在政治舞臺上嶄露頭角，如廣州曲江的張九齡，本「荒微微賤」〔註41〕考中進士，後來官居宰相；福建人此前在政治上沒有什麼地位，唐中宗時，閩中長溪人薛令之於神龍二年（706年）及第，韓愈說「閩越之人舉進士，由詹始也」〔註42〕，福建士子們也開始加入到政府機構中來。

　　不過，學官中貧寒無學的家庭出身者數量很少。從表五「唐祭酒的家庭出身簡表」可以發現，雖然貧寒人家的總數量要大大高於其他階層，但在學官總人數中所佔的比例比舊士族，和書香門第出身的人要少的多。終唐一代，在國子祭酒中寒門出身者僅有19人，只佔了總數的18%。與舊士族和書香家庭出身的學官相比，數量和比例上都要少得多。根源還是在於出身家庭的貧寒。科舉制度雖然打破了門閥世族對於政治的壟斷，寒門子弟也空前地獲得了入仕為官的機會，但是由於大部分人家境貧寒，飲食尚且不能果腹，更談不上花錢購書、聘請老師、交納束脩了。唐代政府是要求向教師繳納束脩的，神龍二年（706年）九月敕「學生在學，各以長幼為序。初入學，皆行束脩之禮，禮於師。國子、太學，各絹三疋；四門學，絹二疋；俊士及律、書、算學，州縣各絹一疋。皆有酒酺，其束脩三分入博士，二分助教。〔註43〕這是國家對於學生繳納學費的具體規定，教師收取束脩得到了法律的保障。不僅官學學生要交納束脩，民間私學的學生也有義務向教師交納束脩作為學費，只是沒有對其繳納數量進行具體規定。隋代名儒劉焯博學「天下名儒後進，質疑受業，不遠千里而至者，不可勝數。論者以為數百年已來，博學通儒，

〔註40〕《唐摭言》卷七《好放孤寒》，第139頁。

〔註41〕《舊唐書》卷一百六《李林甫傳》，第3237頁。

〔註42〕《唐摭言》卷十五《閩中進士》，第303頁。

〔註43〕《唐會要》卷三十五《學校》，第634頁。

無能出其右者。然懷抱不曠，又嗇於財，不行束脩者，未嘗有所教誨，時人以此少之。」〔註44〕可見，隋代的私學教師對於束脩有著嚴格的定制。唐代沿用了這個風俗，凡教師教授學生都收取束脩。即使外邦也不例外，學官出使為夷人講經要收取束脩，外國使臣來學習也要繳納束脩。唐太宗時國子助教朱子奢出使高麗、百濟、新羅，臨行前，太宗囑咐說：「海夷頗重學問，卿為大國使，必勿藉其束脩，為之講說。」〔註45〕可見，從常理講，為夷人講經是要收取束脩的。「開元初，（日本）又遣使來朝，因請儒士授經。詔四門助教趙玄默就鴻臚寺教之，乃遺玄默闊幅布以為束脩之禮，題云『白龜元年調布』。」〔註46〕從各條史料分析，只要形成一定的師生關係，從常理上講都要繳納一定數量的束脩。貧寒人家交不起學費，缺乏讀書的條件，因此入仕者少，能夠入選學官者更少。

表四　唐國子祭酒中寒族的科舉出身情況簡表

階段（總人數）	高祖（0）	太宗（0）	高宗（0）	武則天（2）	中宗（3）	睿宗（0）	玄宗（1）	肅宗（1）	代宗（1）	德宗（2）
科舉出身人數	0	0	0	1	0	0	1	0	1	2
進士人數	0	0	0	1	0	0	0	0	1	1
明經占科舉人數	0	0	0	0	0	0	0	0	0	1
階段（總人數）	順宗（1）	憲宗（1）	穆宗（2）	敬宗（1）	文宗（1）	武宗（0）	宣宗（2）	懿宗（0）	僖宗（1）	昭宗（0）
科舉出身人數	1	1	2	1	0	0	2	0	1	0
進士占科舉人數	0	1	2	1	0	0	2	0	1	0
明經占科舉人數	1	0	0	0	0	0	0	0	0	0

　　寒族士人入仕相當困難，錢易云：「大中以來，禮部放榜，歲取三二人姓氏稀僻者，謂之『色目人』。亦謂之『榜花』。」〔註47〕科舉中第異常不易，通過觀察「唐國子祭酒中寒族的科舉出身情況簡表」：我們卻發現，寒門中科舉出身的學官比例在學官中是最高的。在寒門出身的國子祭酒中通過科舉入

〔註44〕《隋書》卷七十五《劉焯傳》，第 1719 頁。
〔註45〕《舊唐書》卷一百八十九《朱子奢傳》，第 4948 頁。
〔註46〕《舊唐書》卷一百九十九《日本國傳》，第 5341 頁。
〔註47〕《南部新書‧丙》，第 34 頁。

仕的有 14 人，占寒族總數的 74%，比舊士族高出 24%，比有家學傳統的人高出 21%。這個數據說明，寒門子弟對科舉的依賴性強，他們不似其他階層有其他的入仕途，若想入仕唯一的途徑就是科舉，唯有通過科舉入仕他們才能有改寫命運的機會。許多沒有中科舉的寒門儒生苦於沒有其他的入仕途徑，在落榜以後多以教書為業，其中不少被聘請為地方州縣學的教師，「大唐府郡置經學博士各一人，掌以五經教授學生，多寒門鄙儒為之」〔註48〕。

　　值得注意的是，雖然唐代統治者一直標榜崇尚儒學，實際上實行的是儒、佛、道三者並用的政策，因此唐代學官群體中出現了一些宗教界人士——道士和僧侶。道士任學官最為典型者當屬唐中宗時任用道士史崇恩、術士葉靜能擔任國子祭酒，雖然在當時引起許多朝臣的不滿，如桓彥範、崔玄暐等都固執認為不可，但唐中宗卻一意孤行，拒不聽從。這件事之所以遭到眾人反對，是因為在儒家看來術士所為都是一些旁門左道，這些人擔任祭酒被看作是對聖賢的侮辱。在唐代，許多僧侶皆精通儒學，故而寺院教授儒學，佛教僧侶也經常被地方長官聘請為地方官學的學官。據日本學者小川貫二（《敦煌佛寺的學仕郎》）的統計，敦煌地區有百分之七十的僧寺在從事儒學教育，教學內容多以初級層次的童蒙教育為主。受教育的俗家弟子既有敦煌大姓曹、張、索等家族子弟，也有平民百姓，體現了佛家眾生平等的觀念。這些入寺學習的俗家弟子，也同官學生徒一樣，被稱為學郎、或學仕郎、學使郎等。P3446（3）雜塗寫：「金光明寺學郎顯須等／金光明寺學郎索愍」，原蘇聯《敦煌漢文寫本解題目錄》卷一二九三《地藏菩薩經》題記：「己卯年（919）六月十六日龍興寺學侍郎鑒惠」等等。關於內地佛寺的情況，在唐人文集、小說、詩詞歌賦中更是連篇累牘的出現，內地許多寺院也都在進行儒學教育。《舊唐書》卷 80《上官儀傳》記載，上官儀的父親上官弘，在隋末任江都宮副監時被將軍陳稜所殺，「儀時幼，藏匿獲免。因私度為沙門，遊情釋典，尤精《三論》，兼涉獵經史，善屬文。貞觀初，楊仁恭為都督，深禮待之。舉進士。太宗聞其名，召授弘文館直學士。」〔註49〕上官儀成為僧人後，除了研究佛教經典之外，還精通儒學經史，後來還中了進士。上官儀年幼時就已經遁入空門，教他學習儒家經典的只可能是有很深儒學修養的僧侶。唐代從邊疆到內地的佛寺很多都有教授沙門或俗家弟子學習儒學的情況。佛教僧侶兼任地方

〔註48〕《通典》卷三十三《總論郡佐》，第 915 頁。
〔註49〕《舊唐書》卷八十《上官儀傳》，第 2743 頁。

學官的例子，進一步說明唐代佛教與儒學的結合已經達到了很緊密的程度。
《全唐文》卷 587《道州文宣王廟碑》記載唐憲宗元和年間道州州學曾聘請僧
凝罃為《易》經教師，「於是《春秋》師晉陵蔣堅、《易》師沙門凝罃助教某、
學生某等來告，願刻金石，明夫子之道。及公之勤。〔註 50〕」宣宗朝沙州州
學博士僧正慧苑也曾直接進入地方教育系統：

> 敦煌管內釋門都監察僧正兼州學博士僧慧苑。敦煌大藩，久陷
> 戎壘，氣俗自異，果產名僧。彼上人者，生於西土，利根事佛，餘
> 力通儒。悟執迷塵俗之身，譬喻火宅；舉君臣父子之義，教彌青襟。
> 開張法門，顯白三道，遂使悍戾者好空惡殺，義勇者徇國忘家，禪
> 助至多，品地宜峻。領生徒坐於學校，貴服色舉以臨壇，若非出群
> 之才，豈獲兼榮之授，勉宏兩教，用化新邦。可充京城臨壇大德，
> 餘如故。〔註 51〕

儒、佛、道三家經過魏晉南北朝 400 多年的互相爭鬥，在隋唐時期逐漸融合，
形成以儒家政治倫理觀為基礎，佛道二家兼容並蓄的思想體系。三者融合的
一個突出表現是唐代皇帝都在尊孔的前提下信佛或崇道。儒學、佛教的融合
在教育上的最直接體現就是佛教寺院教授儒學，佛教僧侶出任地方學官。出
家之人大多都屬於貧寒出身，因此將這段論述放在了寒門學官這部分進行敘述。

三、軍事色彩濃厚的家族

　　唐代國子祭酒中有幾個出身比較特殊的人：趙弘智、趙弘安、徐欽憲等，
他們所在的家族均以軍功起家。趙弘安、趙弘智兄弟倆是元魏車騎大將軍趙
肅之孫，其家族興起於軍事。徐欽憲是唐朝著名大將徐懋功的曾孫，其父徐
敬業少從徐懋功四處征伐，有勇名，因起兵反對武則天登基而被殺，也是憑
藉軍功起家的家族。這些人在唐代成為學官是唐朝人棄武從文的典範。除了
這幾位以外，有很多以軍功著稱的家族在隋代就已經開始了由武向文的轉
變，例如「韋氏家族世居關中，在周隋之際尚武風氣很濃，其著名人物如韋
孝寬、韋世康等都以軍功至顯。而唐代的韋氏家族則多尚文偃武，有著較好
的文化素養，其顯宦人物多以文職著稱。〔註 52〕」唐代韋氏家族中擔任過學
官者包括韋述、韋承慶、韋嗣立等等。

〔註 50〕《全唐文》卷五百八十七《道州文宣王廟碑》，第 5928 頁。
〔註 51〕《全唐文》卷七百五十《敦煌郡僧正慧苑除臨壇大德制》，第 7771 頁。
〔註 52〕《隋唐士族》，第 100 頁。

　　實際上軍事家族棄武從文的轉變在南北朝時期就已經出現，北魏孝文帝改革，使許多鮮卑貴族改為漢姓。這些逐水草而生、善於騎馬射箭，以勇武著稱的草原民族，逐步接受了中原的文化，與漢族融合。這一階段棄武從文的典範莫過竇氏家族，史學界一般認為隋唐以來的竇氏多為鮮卑紇豆陵氏所改。〔註53〕隋唐以來，竇氏隨時代變遷，發生了很多變化。《舊唐書》卷61《竇威傳》記載：「竇威，字文蔚，扶風平陸人，太穆皇后從父兄也。父熾，隋太傅。威家世勳貴，諸昆弟並尚武藝，而威耽玩文史，介然自守。諸兄咺之，謂為『書癡』。隋內史令李德林舉秀異，射策甲科，拜秘書郎。秩滿當遷，而固守不調，在秘書十餘歲，其學業益廣。時諸兄並以軍功致仕通顯，交結豪貴，賓客盈門，而威職掌閒散。諸兄更謂威曰：『昔孔子積學成聖，猶狼狽當時，棲遲若此，汝效此道，復欲何求？名位不達，固其宜矣。』威笑而不答。大業四年，累遷內史舍人，以數陳得失忤旨，轉考功郎中，後坐事免，歸京師。高祖入關，召補大丞相府司錄參軍。時軍旅草創，五禮曠墜。威既博物，多識舊儀，朝章國典，皆其所定，禪代文翰多參預焉。高祖常謂裴寂曰：「叔孫通不能加也。』」竇威由武向文的轉變就是棄武從文轉變趨勢中的典型，他適應了時代形勢，成為隋唐歷史上制度建設的砥柱之一。

　　棄武從文原因主要有兩點。一方面是出於客觀需要，適應社會形勢發展的需求。一般說來，武將多建功立業於政權草創或非常時期。一旦朝政穩定，社會承平，統治者往往重文而輕武，也就是說「騎在馬上打天下」，卻不能「騎在馬上治天下」。如隋朝建立之後，至開皇九年（589年）政局比較平靜，隋文帝下詔：「代路既夷，群方無事，武力之子，俱可學文，人間甲仗，悉皆除毀。有功之臣，降情文藝，家門子侄，各守一經，令海內翕然，高山仰止。」〔註54〕強調行伍功臣都要學習，家門子侄各守一經。李唐宗室也是由武向文轉變的最佳典型，唐高祖李淵自稱祖先為隴西人，世代軍功，李淵的高祖李熙是北魏武川鎮將，祖父李虎為西魏北周的八大柱國之一，死後，贈封唐國公，子孫李昺、李淵先後承襲爵位。李淵及其子孫奪取天下之後，由軍功貴族一躍而為地主階級的總領袖，也是全國最大的地主〔註55〕。唐高祖、太宗崇奉儒學，提高儒士的地位，為宗室子弟精選儒士為師傅進行教導，皇帝及

〔註53〕參見姚薇元：《北朝胡姓考》科學出版社1958年，第175頁。

〔註54〕《隋書》卷二《高祖紀下》，第33頁。

〔註55〕張澤咸：《唐代階級結構研究》第二章《貴族官僚地主》，第31頁。

宗室中不少人文化水平都很高，李氏家族由軍功貴族轉變為文化家族。唐初統治集團即主要由出身於關隴集團的軍事貴族構成，隨著國家的安定，處理各項政務已經成為統治者所面臨的主要任務，馬上英雄已少有用武之地，政治形勢迫使他們棄戎拾筆。「唐太宗以武定禍亂，出入行間，與之俱者，皆西北驍武之士。至天下既定，精選弘文館學生，日夕與之議論商榷者，皆東南儒生也。然則欲守成者，捨儒何以哉！」〔註56〕。

其次，是出於迎和統治者的個人喜好。史稱：「高祖建義太原，初定京邑，雖得之馬上，而頗好儒臣。」〔註57〕此後，唐代的歷朝皇帝都在儒學思想的薰陶下，喜好文學，其中不乏勘稱文學家的皇帝，如太宗、高宗、玄宗等等。統治者的喜好是軍事貴族由武向文轉變的直接原因。他們為軍事貴族的轉變提供了各種外部條件。如規定文武官員以自己本品蔭子孫可入國子監各學校讀書。武德年間國子監的設立就為這些功臣子弟提供了便利的學習條件。唐玄宗更是強調禁絕武器、鼓勵棄武從文。「天寶末，天子以中原太平，修文教，廢武備，銷鋒鏑，以弱天下豪傑。於是挾軍器者有辟，蓄圖讖者有誅，習弓矢者有罪。不肖子弟為武官者，父兄擯之不齒。惟邊州置重兵，中原乃包其戈甲，示不復用。人至老不聞戰聲。」〔註58〕「時承平日久，議者多謂中國兵可銷，於是民間挾兵器者有禁；子弟為武官，父兄擯不齒。猛將精兵，皆聚於西北，中國無武備矣。」〔註59〕唐代宗永泰二年（766年）「宰相、朝官及神策六軍軍將子弟欲習業者，自今已後，並令補國子生。」〔註60〕唐文宗還要求有關部門獎引武將子弟，鼓勵其從文，他曾命有關部門在大和元年（827年）二月下敕：「自今已後，天下勳臣節將子弟，有能修詞尚學，應進士明經，及通史學者，委有司務加獎引。」〔註61〕這些政策法令都促進了軍事家族由武向文的轉變。再有，社會混亂、朝政腐敗的情況下，各種有效的制度遭到破壞，也使部分官員有空子可鑽，許多人藉由制度的缺陷由武轉文進行銓選。唐僖宗時期銓選制度破壞，「吏部選人粟錯及除駁放者，除身名渝濫欠考外，並以比遠殘闕收注。入仕之門，兵部最濫，全無根本，頗壞紀綱。近者武官

〔註56〕《通鑑》卷192「高祖武德九年九月」條注釋，第6023頁。

〔註57〕《舊唐書》卷一百八十九《儒學傳序》，第4940頁。

〔註58〕《唐會要》卷七十二《軍雜錄》，第1300頁。

〔註59〕《通鑑》卷二百十六「玄宗天寶八載五月」條，第6895頁。

〔註60〕《舊唐書》卷二十四《禮儀志》，第923頁。

〔註61〕《唐會要》卷七十六《緣舉雜錄》，第1385頁。

多轉入文官，依資除授，宜懲僭幸，以辨品流。自今後武官不得轉入文官選改，所冀輪轅各適，秩序區分，其內司不在此限。」〔註62〕

　　另一方面：從主觀方面來看，於個人而言，隨俗雅化，與時俱變，才是識時務者。唐初的軍功世家沒有消失，而是由金戈鐵馬的武夫變為羽扇綸巾的文士，為李唐建國浴血沙場，建立軍功的功臣們，在李唐王朝建立後就開始享受勝利所帶來的榮耀。不能否認，他們中有不少人當初是抱著成者為王敗者寇的投機心理，一旦成功便不願子孫再冒生命危險在戰場中過那種刀尖舔血的日子，況且政權穩定以後靠軍功立業的機會越來越少，那麼保持家族常享富貴的唯一方式就是棄武從文。隨著高武之後，統治穩固，特別是科舉制度興起，社會風氣從尚武轉向崇文〔註63〕，「比為久屬太平，多歷年載，人皆廢戰，並悉學文。」〔註64〕「諸衛將軍自武太后之代，多以外戚無能者及降虜處之。」〔註65〕不僅如此，唐代官職銓選中也充斥著對於武官的偏見，「凡千牛備身、備身左右，五考送兵部試，有文者送吏部。」〔註66〕《唐六典》卷五《兵部郎中員外郎》載三衛「考滿，兵部校試，有文，堪時務，則送吏部；無文，則加其年階，以本色遷授。」〔註67〕但凡有點文學修養的都集中於吏部參加文選，只有無文者才不得不從武選，統治階層從觀念到政策上的崇文抑武，促使許多有遠見的軍功貴族都教導子孫通過讀書做文官，繼續在政治舞臺扮演重要角色。以上種種都導致了許多軍功家族由武向文的轉變。另外，中國自古以來的人才觀，往往崇尚「全才」，即能文能武。僅僅能武而不會作文，往往被人稱為莽夫。〔註68〕出於主客觀的需要武將們不得不下馬拾卷，教育子孫重文。正如郭峰先生在《北朝隋唐源氏家族研究》中所提出的見解一樣：「一般認為，唐中期以後，大多數還能有所發展的舊門第家族，除極少數幾家子弟仍能靠門蔭途徑延保家族的世宦門第地位以外，都是子弟

〔註62〕《舊唐書》卷十九《僖宗本紀》，第705頁。
〔註63〕參見馮金忠《唐代地方武官研究》第一章《唐代武官與文武之變》，第18頁。
〔註64〕《全唐文》卷九十五《答王方慶諫孟春講武手製》，第894頁。
〔註65〕《鄴侯家傳》轉引自王應麟《玉海》卷138，第2658頁，大化書局出版。
〔註66〕《新唐書》卷四十五《選舉志下》，第1174頁。
〔註67〕《唐六典》卷五《兵部郎中員外郎》，第155頁。
〔註68〕參見馮金忠《唐代地方武官研究》，2006年博士論文，第19頁「由於武官與文官不同的職業特點，武官在文化修養上通常有所欠缺，甚至目不識丁。自漢末魏晉以來，人們對武官就有一種根深蒂固的偏見，武官往往成為粗魯無知的代名詞。」

適應了科舉的家族」〔註69〕這種見解同樣適合於唐代軍事色彩濃厚的家族。但是大部分出自軍事家族的文官都不是通過科舉及第，這或許與家族傳統的影響不無關係。

小結

表五　唐祭酒的家庭出身份析簡表

已知出身祭酒	舊士族	宗室、外戚	普通書香家庭	軍事色彩	寒素
107（共125人，未知者18人）	32/30%	19/18%	34/32%	3/3%	19/18%
科舉出身人數	16/50%		18/53%		14/74%

注：斜線前為人數，斜線後為百分比

表六　唐代各時期國子祭酒中舊士族、家學、寒族出身對比情況簡表

階段（總人數）	高祖(1)	太宗(5)	高宗(4)	則天(9)	中宗(7)	睿宗(4)	玄宗(24)	肅宗(8)	代宗(6)	德宗(10)
舊士族出身人數／占總人數的百分比	0	3/60%	2/50%	4/44%	2/29%	0	5/21%	1/13%	4/67%	2/20%
寒族出身人數／占總人數的百分比	0	0	0	2/22%	3/43%	0	1/4%	1/13%	1/17%	2/20%
家學出身人數／占總人數的百分比	1/100%	1/20%	1/25%	0	1/14%	2/50%	6/25%	2/25%	1/17%	3/30%
科舉人數／占總人數的百分比	0	1/20%	0	3/33%	3/43%	2/50%	8/33%（47%）	3/38%（75%）	6/100%（50%）	4/40%（50%）
階段（總人數）	順宗(1)	憲宗(10)	穆宗(5)	敬宗(1)	文宗(9)	武宗(0)	宣宗(5)	懿宗(1)	僖宗(4)	昭宗(2)
舊士族出身人數／占總人數的百分比	0	5/50%	0	0	1/11%	0	1/20%	0	2/50%	0

〔註69〕《中國社會經濟史研究》2002年第3期。

寒族出身人數／占總人數的百分比	1/100%	1/10%	2/40%	1/100%	1/11%	0	2/40%	0	1/25%	0
家學出身人數／占總人數的百分比	0	3/30%	2/40%	0	5/56%	0	1/20%	1/100%	0	1/50%
科舉人數／占總人數的百分比	1/100%	7/70%	4/80%	1/50%	4/44%	0	4/80%	1/100%	3/75%	1/50%

現綜合各圖表所反映出的數據進行分析。

首先，根據圖六「唐代各時期國子祭酒中舊士族、家學、寒族出身對比情況簡表」統計數據來看，唐代學官中各個社會階層的入仕途徑總的趨勢是科舉出身者逐漸占主導地位；非科舉出身者在總人數中所佔的比例非常小，從唐初至代宗時，科舉出身學官的比例呈逐漸升高的趨勢，在代宗時達到最高，比例高達百分之百，其中唐玄宗、肅宗時科舉比例有一個較大的回落，原因在於玄宗時期有 7 個、肅宗時期有 4 個宗室人員曾擔任國子祭酒，如果這些特殊身份的人不計算在內，則百分比分別為括號內的數字，即 47%和75%。自從唐中宗以後，科舉出身學官的比例都基本穩定在半數以上。另據表二、表三、表四，在各個階層科舉出身的祭酒中，進士科在科舉出身的學官中所佔比例最高，而且祭酒中進士及第基本上都是始於武則天前後一段時期，反映了武則天對於科舉制度的影響。武則天之後，進士科日益為社會所重，故進士科出身，「位極人臣，常十有二三，登顯列十有六七」，即使未能仕顯官，亦是「終身為聞人」〔註70〕。

其次，從表六「唐代各時期國子祭酒中舊士族、家學、寒族出身對比情況簡表」，分析舊士族、普通書香家庭、寒門升任學官的機率與社會階層的關係。本圖對社會階層出身不確切者暫且不計，在玄宗以前，舊士族、有家學傳統、寒門的比例為 16：12：6，士族所佔的比例最高，有家學傳統的占其次。可見舊士族由於自身有著家學禮法的傳統，在唐代前期重視經學、對學官品德聲望要求高的情況下，舊士族任學官的概率要高於其他階層，同時也反映了舊士族在唐玄宗以前社會中的政治優勢。唐玄宗以後，舊士族、書香家庭、寒門出身者在學官中的比例為 16：19：13，該時期有普通家學的學官超過了

〔註70〕李肇：《唐國史補》卷下，第 56、55 頁。

舊士族，而寒族比例也有所上升。反映了隨著重文辭風氣的盛行，進士科一枝獨秀，重學術研究的明經科由於地位低於進士科，且中舉要比進士科難得多，這些都使有著家學傳統的舊士族在科舉制度中的優勢逐漸削弱，被普通書香門第出身的人所趕上。數量龐大的寒門子弟在學官中的比例也進一步增多，但是寒門子弟在學官中的比例有唐一代始終處於最小，不僅在一定程度上反映了寒族子弟仕進的艱難，也進一步突出了學官選任對於學術文化背景和品德聲望的要求，這恰恰是寒族子弟不易達到的。

第二節　唐代學官的地域分布情況

本節以唐代國子祭酒表與國子博士表、太學博士表、四門博士表、和廣文博士表為基礎，對唐代學官的地域分布進行統計，茲列表格如下：

學官地域分布簡表

地域	河北道	江南東道	河南道	隴右道	京畿道	河東道	都畿道	劍南道	關內道	淮南道	江南西道	山南東道	黔中道	山南西道	嶺南道	總計
玄宗以前	17/24%	14/20%	10/13%	9/10%	7/10%	6/9%	7/10%	0	0	1/1%	0	0	0	0	0	71
玄宗以後	18/18%	13/13%	17/17%	14/14%	12/12%	13/13%	6/6%	2/2%	2/2%	1/1%	1/1%	1/1%	0	0	0	100
未知年代	7	2	2	2	4	2	1	0	0	0	1	0	0	0	0	21
總數	42/22%	29/15%	29/15%	25/13%	23/12%	21/11%	14/7%	2/1%	2/1%	2/1%	2/1%	1/0.5%	0	0	0	192

唐代地域分布統計存在一定的困難，由於唐代為官者隨著職任地域流動很頻繁，史書中所記人物或為郡望，或為祖籍，或為出生地，很不統一，在這樣的情況下得出的數據有很大的侷限性，但是學官地域分布的數據在一定程度上仍然能對當時的社會現象有所反映。

一、整體看來，主要集中分布在東西、南北相交的兩個地帶

　　唐代學官的分布主要集中在東西、南北相交的兩個地帶，一是自西向東由隴右道─京畿道─河東道─都畿道─河南道；一條是自北向南由河北道，經河南道，至江南東道，二條線路的交匯點就是河南道。這與唐代人對於當時人才分布的認識是基本吻合的。唐初，江左與山東就是人才集中的區域，唐統治者多次下詔徵用山東江左士人。如唐太宗貞觀十一年（637年）四月下詔：「然則齊、趙、魏、魯，禮義自出；江淮、吳、會，英髦斯在，山川所感，古今寧殊，載佇風猷，實勞夢想。宜令河北、淮南諸州長官，於所部之內，精加採訪，其有孝悌純篤，兼閑時務；儒術該通，可為師範；文詞秀美，才堪著述；明識治禮，可委字民；並志行修立，為鄉閭所推者，舉送洛陽宮。」〔註71〕此處齊、趙、魏、魯指崤山以東的山東地區，基本包括了河北道、河東道、都畿道、河南道等各道在內的大部分地區，江淮、吳、會即江左，指長江下游以南地區，實以江南東道為中心。此後唐高宗又多次下達於兩地求才的詔書，如儀鳳元年（676年）十二月發布《令山東江左採訪人物詔》：「山東、江左，人物甚眾，雖每充賓薦，而未盡英髦。」〔註72〕《全唐文》也記錄了高宗皇帝要求這兩地州縣舉人的詔令，「宜令河南、河北、江淮以南州縣，或緯俗之英，聲馳管樂；或濟時之器，價軼蕭張；學可帝師，材堪棟輔者，必當任之不次。可明加採訪，務盡才傑，州縣以禮發遣。」〔註73〕此處河南、河北即屬於山東地域，江淮以南則概指江南東道一帶。因此，這兩個區域也是唐代學官分布的主要地區。此外，隴右道僅次於以上兩個地區、學官產量較高的地方，隴右道學官總數達到25人，占全國學官總數的13%，其中主要是以關隴士族為主，而李唐皇族宗室出身的子弟也成為關隴士族學官的主要構成成分，唐代隴右道宗室子弟共有19人，占隴右道學官總數的76%。而宗室學官因為祖籍在隴右，而實際居住地是在都城長安，屬於京畿道的範圍，如果這樣計算那麼隴右道實際的學官人數與比例必然少之又少了。此外，京畿道、都畿道因為處於國家統治的中心，為西京、東都兩京都城的所在地，成為政治、經濟、文化發達的地區，前期甚至成為全國的經濟中心，人口大量集中，因此，這兩道成為唐代人才的主要聚居區，因此這兩道區域面積雖

〔註71〕《唐大詔令集》卷一百二《採訪孝悌儒術等詔》，第518頁。
〔註72〕《全唐文》卷十三《高宗皇帝·令山東江左採訪人物詔》，第159頁。
〔註73〕《全唐文》卷十三《高宗皇帝·令州縣舉人詔》，第146頁。

不大，但出學官的數量卻不低，京畿道有學官 23 人，占全國各道學官總數的 12%，京畿道在全國各道學官排名中位於第五位；而都畿道總共有學官 14 人，占總數的 7%，在總排名中位於第七位。因此在學官分布集中的東西、南北兩個地帶中又以南北方向的區域為中心，成為出產學官數量最多的地區，河北、河南、江南東道的人數就占總人數的 52%。由此也可看出，唐代學官分布區有向東集中的趨勢。其中尤其以江南東道的福建最為顯著，唐五代以後福建逐漸成為出科舉人才最多的地區，這種文化優勢的出現經歷了一個發展過程，唐代江南東道學官數量在全國各道排名中已經位於第二位，僅次於排名第一的河北道，就是對於這種文化優勢最顯著的反映。太平老人在《袖中錦·天下第一》中稱「福建出秀才」在宋代號稱「天下第一」。而劍南道、淮南道、關內道、江南西道、山南東道等地區隨著唐代國家的治理，文化上也所發展，在唐代玄宗統治前後也開始出現學官，但是由於地理條件、經濟發展等各方面因素的限制，這些地區相對於經濟較發達、文化優勢明顯的區域來說，人民普遍的文化素養還是要低的多，終唐一代不過有一、兩個學官，但是仍然可以肯定隨著這些地區的進一步開發，人口的素質會有進一步的提高。在唐代山南西道、劍南道、嶺南道這幾個地區仍然是經濟落後的未開發地域，其經濟情況以及教育、文化水平在唐代都比較落後，因此這些地區整個唐代都不曾有學官出現。

二、具體分布情況

　　河北道以絕對強的優勢在學官數量排行榜中佔據第一，在這裡聚居著以清河崔氏、范陽盧氏等為代表的一批文化世家，唐代河北道已然以其獨有的家學禮法優勢傲立於絢爛多彩的中華大地，崔倬、崔德雍、崔庭晦、崔環，盧渥、盧鉦、盧玄禧、盧就等等學官即是這些文化家族學術成就的體現者。在這些士族家學文化的影響下，河北道成為唐代學術人才最集中的區域之一，共出現學官 42 名，占整個唐代學官總數的 22%。河北道是安史之亂風暴的主要發生地，此後繼之以河朔三鎮的割據混亂，因此，河北道在安史之亂後學官數量比例比玄宗以前有所降低，玄宗以前河北道學官人數在總數中所佔比例為 24%，位於第一位，而玄宗之後則降為 18%，這種比例的降低是符合歷史發展趨勢的，因為隨著唐代經濟落後地區的逐漸開發，以及私學的發展，教育從官學向民間的下移，一些經濟文化落後地區隨著經濟的發展，文

化水平漸次提高，入仕人數增加，必然引發原來文化集中地域人才比例的相對降低。但這 18%的比例在各道中仍然位居榜首，在戰亂頻仍的情況下，何以河北道仍然高居學術人才的榜首？這一點應該與士族的家學傳承方式有著密不可分的關係，因為學術在家族內部的傳承不易受到外部社會環境和政治形勢的影響，因此，比其他教育方式要穩定地多。以學官盧渥、盧瑀為例，他們所屬的盧氏家族雖然地處河朔叛鎮的中心，但是其家族科考仕進一直未曾間斷，這就打破了我們往常思維中的固有邏輯，和想像中河朔地區由於時常叛亂，民不聊生的場景。可見，多數藩鎮節度使還是比較重視文化的，並未破壞民眾的文化教育。隨著魏晉南北朝時期經濟重心南移，唐玄宗以後，東南地區由於免受北方藩鎮割據混亂的影響，偏安一隅，經濟迅速趕上並超過了北方，成為唐政府倚重的財政來源地。經濟的發展為文化的繁榮提供了條件，在六朝遺風的影響下，吳越、福建逐漸成為全國出科舉人數最多的地區，這個優勢在宋代形成，一直保持到近代，始終都是全國經濟與人才聚居的一個中心。其實，早在唐太宗時期，江南儒生已經在中央政權中起著不小的作用，「唐太宗以武定禍亂，出入行間，與之俱者，皆西北驍武之士。至天下既定，精選弘文館學生，日夕與之議論商榷者，皆東南儒生也。然則欲守成者，捨儒何以哉！〔註74〕」從玄宗統治前、後學官的對比可以看出，江南東道學官的比例後期與前期相比有所降低，這種現象為何與科舉人數增多、經濟發展的規律相悖呢？筆者分析這或許與唐代學官社會地位的變化和重文詞的風氣有一定關係，學官在唐代前期社會地位高，是士林華選，因此很多人爭當學官，所以江南東道成為學官的人較多。而唐代中期以後，官學教育衰落，士人恥於為師，科舉入仕者多進入其他的重要政務部門，因此，江南道科舉人數雖然增多，可是成為學官的人卻相對較少。江南地區多文辭之士，隨著唐代中期以後尚文辭的風氣越來越濃，文辭之士多得美官，對他們而言，社會地位降低、身為閒職的學官自然不會有太大的吸引力。

〔註74〕前面已引《通鑒》卷一百九十二「高祖武德九年九月」條注釋，第6023頁。

第五章　中國古代教育史的分期與
　　　　　唐代教育的歷史地位

第一節　中國古代教育史的分期〔註1〕

　　要瞭解唐代教育的特點與歷史地位，首先必須明白中國古代教育發展的歷史。中國教育理論領域先後有過依據朝代更替、社會形態、時代特徵，以及階級鬥爭等幾種有關教育史的分期方法，當今學界尤以朝代更替〔註2〕、社會形態〔註3〕兩種分期方法較為普遍。後來又出現了以社會形態為主，結合歷史朝代順序更替劃分階段的分期方法〔註4〕。以朝代更替的方法劃分教育史符

〔註1〕董坤玉：《中國古代教育史分期新探》，《河北師範大學學報（教育科學版）》2013
　　　年第5期。同年被《人大複印資料・教育學版》2013年第9期全文轉載。
〔註2〕以王鳳喈著《中國教育史大綱》（湖南教育出版社2008年版）為代表，該著作
　　　以中國自古至今的教育分為周代及周代以前、春秋戰國、秦漢、魏晉南北朝、
　　　隋唐、宋元明、清代、近代等時期。
〔註3〕以陳青之著《中國教育史》（中國社會科學出版社2009年版）為代表，在這本
　　　著作中，作者將自古至今的中國教育分為四期：即原始氏族社會時期、封建時
　　　代（西周至東周）、半封建教育時代（自秦漢至清）、初期資本主義時代（鴉片
　　　戰爭至南京政府成立）。
〔註4〕以祁森煥著《中國教育史》（山西師範學院1953年油印本）、毛禮銳等著《中
　　　國古代教育史》（人民教育出版社1983年版）為代表。祁先生將古代教育時期
　　　分為原始公社時代、奴隸制度時代、封建制度時代三個時期。毛禮銳等所著《中
　　　國古代教育史》把中國古代教育分為遠古至西周時期、春秋時期、戰國時期、
　　　秦漢時期、魏晉南北朝時期、隋唐五代時期、宋元明時期、明清之際到鴉片戰
　　　爭之前等幾個時期。

合人們關於歷史發展的習慣觀念，但簡單襲用歷史朝代更替劃分中國教育史有著明顯的弊端，不易反映教育歷史本身發展的階段性和連續性。以社會形態劃分古代教育史的方法也有著很大的不足，這種以社會發展來劃分教育史的做法，同樣不能客觀展現教育的自身發展特點。按照教育自身的發展來劃分教育史發展階段已成為當今教育史學界的共識。〔註5〕本節力圖從教育自身發展的軌跡出發，對中國古代教育史的發展歷程進行重新定位。

高明士先生曾經在《唐代東亞教育圈的形成》之《序言》中指出：「一部中國教育史，可以說是教育脫離宗教範疇而與政治結合，後來又努力建立其獨立王國的歷史。」〔註6〕這個論斷點破了中國古代教育發展的實質進程，顯示了高先生的深知卓見與非凡的語言概括能力。整個中國教育史是教育隨著人類社會文明的發展與進步，逐步從宗教、社會政治、禮樂制度等複雜交錯的母體中孕育、成熟到脫離母體開始走向獨立發展的過程。確切一點，就是中國古代教育隨著社會文明的進步，經歷了三個階段：第一階段：從上古至春秋。這一時期是古代教育從母體中孕育到產生的階段，這一階段的特點是教育孕育在宗教與政治結合的體系之中，尚未成形。第二階段：從春秋至西漢。這一階段教育雖然擺脫了宗教羈絆，由於尚未成熟，仍需寄生於政治體系之中。第三階段：從西漢至隋唐。教育與政治緊密結合併開始從政治體系的附庸地位掙扎著走向獨立。需要注意的是，教育雖然開始走向獨立，但從隋唐至清末歷經一千三百多年，這個獨立過程才算完成，這個過程是與科舉制度的發展相始終的，當教育已經成長為一個強大實體之時，政治才不得不放手。即使已經獲得獨立，政治仍然不時地尋找時機對教育加以利用或者干預，這種狀況在社會文明高度發達的社會依然存在。

一、第一階段上古至春秋時期教育的產生

三代以前這一階段，教育與政治尚未成形，與宗教、社會活動結合在一起。這個時期的教育較為原始，教育內容主要包括生產生活經驗、部落的軍事和管理經驗以及宗教傳統等。遠古時期，在人類文明產生以前，猿人與其他動物的區別不大，一切生存的經驗都是依靠本能，是在大自然的磨練中產

〔註 5〕參見杜成憲《20 世紀關於中國教育史分期問題的探索》，《華東師範大學學報（教育科學版）》2000 年第 3 期。
〔註 6〕高明士著《唐代東亞教育圈的形成》序言，國立編譯館中華叢書編審委員會，1984 年版，第 1 頁。

生的，根本不存在所謂的教育。教育是隨著人類生產力的進步、文明的發展，人類把自身積累的生產生活經驗教授給其後代的行為。這些經驗不僅包括生產生活經驗，隨著文明的進步，各種宗教傳統，部落的軍事和管理經驗也隨之傳承下來，這些經驗的傳授都稱為教育。呂思勉先生在《燕石劄續・古學制》中指出：「蓋在後世，宗教與學術恒分，而在古昔則恒合。吾國古代之大學，固宗教之府也。」〔註7〕清末黃紹箕在其所著《中國教育史》中總結了前人的一些觀點，也認為祭祀活動與教育活動是合為一體的。李國鈞、王炳照等主編的《中國教育制度通史》在第一章《中國教育的起源》中認為「巫是中國知識分子的原型，巫是上古精神文化的主要創造者」〔註8〕。人類最早的知識就是起源於巫師所傳承的宗教。隨著文明的進步，教育部落成員以及商討舉行各種部落大事開始有了固定的場所，這個場所被命名為成均或大學。《中國教育制度通史》第一卷中講，上古時代教育、祭祀與社會活動尚未分開，在古代文獻中所記載的「成均」被認為是傳說中五帝時代的「大學」，相傳先王在「成均」用酒款待地位低賤的「郊人」，並宣講教令，舉行一些集體性祭祀活動。「大學」是上古先民舉行社會教化——即有助於文明開化活動的場所，〔註9〕由此作者進一步推斷：遠古聖人治天下之具皆出於學校，發布政令，養老，恤孤，審訊俘虜，出征前誓師，集合眾人共議獄訟，祭祀天地山川鬼神與祖先，均在所謂「學校」舉行。之所以各種活動都在學校中舉行，是因為這時各個部落的建築，除了各家獨立的住房外，只有一個供部落成員聚會、部落首領處理事務的公共場所，這個場所就叫「成均」或「大學」。

　　三代時期，教育開始初具雛形，出現了我們通常意義上的以培養後備官員為目的的教育。但這個時期的教育仍然無法與政治分清界限，主要表現在教育與其他國家事務的處理仍共用一所建築——辟雍。夏、商、周時期，各種國家大事仍然在一個共同的場所進行，因為這個場所要承擔舉行祭祀、教化、教學等活動的使命，因此依據其位置和用途，這個建築物又擁有很多的名稱，如明堂、太廟、辟雍等。漢代的達學通儒都認為太廟、大學、辟雍、明堂、靈臺是「異名而同事」。東漢末年學者蔡邕在《明堂論》中對此有詳細

〔註7〕呂思勉：《燕石劄續・古學制》，上海人民出版社，1958年版，第100頁。
〔註8〕李國鈞等主編：《中國教育制度通史》第一章《中國教育的起源》，山東教育出版社2000年版，第33、39頁。
〔註9〕李國鈞等主編：《中國教育制度通史》第一卷《先秦　秦漢》，山東教育出版社2000年版，第40頁。

的論述：「明堂者，天子太廟，所以宗祀其祖，以配上帝者也。夏后氏曰世室，殷人曰重屋，周人曰明堂。東曰青陽，南曰明堂，西曰總章，北曰玄堂，中央曰太室。………雖有五名，而主以明堂也。其正中皆曰太廟，謹承天順時之令，昭令德宗祀之禮，明前功百辟之勞，起尊老敬長之義，顯教幼誨稚之學，朝諸侯、選造士於其中，以明制度。……取其宗祀之貌，則曰清廟；取其正室之貌，則曰太廟；取其尊崇，則曰太室；取其鄉明，則曰明堂；取其四門之學，則曰太學；取其四面之周水圓如璧，則曰辟雍。異名而同事，其實一也。」〔註10〕東漢末學者盧植與其稍後的穎子容也持相同的觀點。清末黃紹箕在《中國教育史》中認為祭祀活動與教育活動是合為一體的，他說：明堂始於神農，祭神教民合於一室，故《淮南》謂其『養民以公』，又曰『教化如神』，明神農施教於明堂也，戴德曰『明堂，辟雍是一物』；蔡邕曰『明堂……大教於宮』。後世明堂制度，詳於神農，然其以明堂為教化之所，實由神農開之。〔註11〕由此可見，明堂即辟雍，是祭祀的場所，也是舉行教育活動的場所，當時宗教、政治與教育是合為一體的。

但是三代之前從有虞氏開始就已經出現了後代稱之為學校的專門場所，《禮記・王制》記載：「有虞氏養國老於上庠，養庶老於下庠。夏后氏養國老於東序，養庶老於西序。殷人養國老於右學，養庶老於左學。周人養國老於東膠，養庶老於虞庠。」《孟子・滕文公章句上》：「（四代）設為庠、序、學、校以教。庠者，養也；校者，教也；序者，射也。夏曰校，殷曰序，周曰庠，學則三代共之。」何謂「學則三代共之」？序、庠、學、校之間的關係又是怎樣的？《文獻通考》卷四十一《學校考》對「學」的解釋是：「學，國
　　　　　　　　　　　　　　　　　　　V　　　　　　　V　　V

但是都具有共同的性質，就是用於教育後代尊老敬賢活動的場所。這些學校與教授國子六藝、舉行釋奠禮的學校性質不同，用於舉行釋奠禮、教授國子的機構被稱為國學。國學在三代有共同的名稱，就是「辟雍（即明堂）」。辟雍是三代大學的總稱，這一點申屠爐明在其文章中曾進行過考證〔註12〕。因為辟雍、明堂是同一所建築，是發布各種政令的場所，也就是說辟雍是發布

〔註10〕〔清〕嚴可均輯，許振生審定：《全後漢文》卷八十《蔡邕・明堂論》，商務印書館1999年版，第799頁。

〔註11〕黃紹箕、柳詒徵著：《中國教育史》卷一《神農》，福建教育出版社，2011年版，第14、15頁。

〔註12〕申屠爐明：《西周學制考辨三題》，《南京大學學報》2001年第6期。

有關教育政令、并教授國子的場所，而校、序、庠則是具體的執行養國老、庶老禮儀，以及教育國人的場所。教育國子、舉行祭祀活動，以及發布各種政令都在同一個機構——辟雍（或稱為明堂、太廟等），說明春秋以前教育與宗教、政治等合為一體的性質。

二、第二階段從春秋至西漢教育的成長

這一階段是教育擺脫宗教羈絆，淪為政治附庸的時期。

這個時期是封建制度逐步確立，奴隸制度解體的時期。隨著人類生產力的進一步發展，人們對於世界認識能力有了提高，許多以前無法解釋而歸之於宗教的現象不斷得到合理的解釋，於是在國家管理活動中宗教的色彩日益減弱。隨著私學教育的發展、教師職業的專門化，教育自身也獲得了發展，逐步褪去了宗教的外衣。這個時期的特點是教育逐漸與政治結合。此前，教育尚處於雛形。此時，教育自身開始有意識的與政治結合，依靠政治發展壯大。封建統治者努力把教育變為自己的統治工具。教育與政治互利而存，而教育對政治的依賴性更強。

公元前770年周平王遷都洛邑，中國歷史進入春秋時期。隨著諸侯爭霸、周王朝衰落，原來「學術官守」、「學在官府」，貴族把持教育、壟斷學術統治權的狀況被打破，禮不下庶人的嚴格等級差別逐漸消失。隨著周王室的衰弱，國學無法再維持下去，國學教師流落他鄉，「大師摯適齊，亞飯干適楚，三飯繚適蔡，四飯缺適秦，鼓方叔入於河，播鼗武入於漢，少師陽、擊磬襄入於海。」〔註13〕國學解體，教育下移民間，出現了「道術將為天下裂」〔註14〕、帝術下私人的情況。這個時期各個諸侯國為了招攬人才紛紛採取開明的社會政策，為學術發展提供條件，各個諸侯國君採取各種籠絡士人，招攬天下賢才的措施促成了諸子百家爭鳴、私學大發展的文化盛世，私學發展超過官學。

春秋時期代表知識分子階層的士人誕生，他們為了擴大學術影響，以獲得從各種學術流派中脫穎而出、進而達到入仕干政的目的，使教育開始產生與政治結合的趨勢。博士官的出現就是教育與政治結合的例證。博士在先秦時代一般是對博學者的通稱，《說文》云：「博，大通也」；「通，達也。」《史記·循吏列傳》曰：「公儀休者，魯博士也。」戰國時鄭同北見趙王，趙王曰：

〔註13〕《論語·微子篇》。
〔註14〕《莊子·天下》。

「子，南方之博士也。何以教之？」〔註 15〕最晚至戰國末，齊、魏、秦三國都設置了博士官，此後「博士」由泛稱變為官職名稱。〔註 16〕教育與政治的結合除了因士人自身的要求之外，還源於各國國君治國理政以及稱王圖霸的需要。各國國君紛紛吸收通達古今、有淵博見聞的博士充當參謀或顧問。博士除了議政功能之外，仍然繼續招收弟子。《漢書‧賈山傳》記載賈山的祖父賈怯，「故魏王時博士弟子也。」但這時博士招收弟子屬於私人行為，不是國家規定的博士職責，屬於私學性質。春秋戰國時期各諸侯國國君籠絡士人的最終目的是在諸侯爭霸戰爭中吞併他國、或者免於被吞併，他們並未把注意力投放在官學的教育上。這個時期諸侯官學少見於記載就是明證，黃紹箕在《中國教育史》中說，「周室東遷，王綱解紐，學、校、庠、序廢墜無聞，而春秋二百四十年中諸侯學校之制見於經傳者，亦只魯僖公之立泮宮（注：《毛詩‧泮宮序》）、鄭子產不毀鄉校（注：《左傳》襄公三十一年）二事。」〔註 17〕春秋戰國時期官學教育的衰敗狀況一直延續到秦，秦代以吏為師、推行法制，沒有設立官學，但是保存了博士官的設置，博士也依舊招收弟子，私下傳授，秦始皇時有博士七十一人，秦二世時有博士諸生三十餘人，〔註 18〕博士在秦代兼有了教師與官員的雙重身份。教育對政治的依附作用也通過博士來體現。博士依靠政治力量來爭奪學術統治權的鬥爭在東漢時期經今、古文之爭中得到了淋漓盡致的體現。教育依附於政治的原因就在於教育自身的不完善，只有依附政治才能獲得生存發展下去的機會。

三、第三階段從西漢至隋唐教育走向成熟

這一階段教育與政治進一步結合，並逐步從政治體系的附庸地位，掙扎著走向獨立。這一階段是教育與政治緊密結合的時期，治世注重教化，教育的作用也被統治者深刻認識，控制教育權、掌握學術話語權對君主專制有著莫大的作用，於是通過控制官學教育、取士標準，對教育加以控制，政治對教育的控制欲增強。教育由一種教化方式變成專制統治的附屬。漢武帝正式

〔註 15〕《戰國策‧趙策》。

〔註 16〕安作璋、熊鐵基：《秦漢官制史稿》（上冊），齊魯書社，1984 年版，第 410頁。

〔註 17〕黃紹箕、柳詒徵著：《中國教育史》卷四《春秋諸國教育》，福建教育出版社，2011 年版，第 152 頁。

〔註 18〕參見《史記》卷六《秦始皇本紀》、卷九十九《劉敬叔孫通列傳》。

為博士置弟子員，博士成為學官，標誌著教育與政治的進一步結合，教育正式被政治所左右。儒學的政治化即為其表現。另一方面，隨著教育自身的不斷成熟，逐漸產生了獨立的傾向，隨著教育的下移民間，特別是教育對象層級的下移，私學教育成為一種大潮流。

　　唐代正式將國子監從太常寺的隸屬部門轉為禮部下屬獨立的教育機構，是古代教育開始走向獨立的標誌。漢武帝以前，官學只是被看作是社會教化機構，以教授禮樂為主，「十五入大學，學先聖禮樂，而知朝廷君臣之禮。」〔註19〕呂思勉先生在《燕石劄續·學校由行禮變為治經》中說：「古之言學校者，皆重行禮視化，非重讀書講學問也。」〔註20〕漢武帝元朔五年之詔，猶曰：「導民以禮，風之以樂，今禮壞樂崩，朕甚閔焉。……其令禮官勸學，講議洽聞，舉遺興禮，以為天下先。太常其議與博士弟子崇鄉黨之化。」〔註21〕自漢武帝接受董仲舒的建議，罷黜百家、獨尊儒術之後，儒學成為占統治地位的學術流派，儒家經典也成為官學內法定的唯一的教授內容。但此時被獨尊的儒術已經是經過叔孫通、董仲舒等人改造之後的儒學。這個改造是為了取得學術統治地位，向著迎合封建統治的方向進行的。例如叔孫通制定漢朝儀，就是對古禮做了一番刪改，後來他又撰寫《漢儀》，也是在前代禮儀的基礎上加工修改而成的。〔註22〕經改造，儒學終於登上漢王朝學術至尊位置。儒學的改造在以後長期的歷史發展過程中，經過與玄學、佛學等其他學派鬥爭融合，不斷適應新的政治需要而充實完善。漢武帝設立太學之後，太學的教學內容就從教授禮樂轉變為以儒家經典為主，培養目標逐漸由實現教化演變成以封建統治培養輸送後備官員為目的。隨著官學範圍的擴大和教育體制的逐漸完備，從上到下形成了一個官員培養的教育網。這個過程也是儒學政治化的過程，儒學政治化是通過士大夫的行為體現的，「西漢士大夫固守『天下為公』的理念，忠君意識淡漠，以師道和言災異制衡皇權，以「王道」改造政治；學術上兼容，學以致用，側重於整理經典和闡釋義理。東漢士大夫則忠君意識強化，師道式微，缺乏獨立的政治人格，缺乏道德的自我約束；

〔註19〕《漢書》卷二十四《食貨志》，第1122頁。

〔註20〕呂思勉：《燕石劄續》之《學校由行禮變為治經》，上海人民出版社，1958年版，第153頁。

〔註21〕《漢書》卷六《武帝本紀》，第171～172頁。

〔註22〕安作璋、熊鐵基：《秦漢官制史稿》附錄《論秦漢博士制度》，齊魯書社，1984年版，第451頁。

學術上思想謹固、保守，重視考釋、注疏和訓詁。」〔註23〕東漢以儒學為主的教育，淪落成為專制統治服務的工具。如果說之前教育實現社會教化的目的尚且不帶有那麼濃厚的政治色彩的話，那此時完全為統治者的統治需要服務則使得教育徹底地淪為政治體系的附庸，變成為君主專制統治的工具。但教育之所以甘心被政治所左右，除了政治強大這個因素之外，更主要的原因是其自身還沒有成熟到一定程度，這個依附於政治的過程，有利於教育在政治統治的蔭庇下得到充足的養分和有利的發展環境，加速自身體系的健全和制度的完善。一旦教育有足夠的實力掙脫政治的束縛，便會尋求自身的發展，走向獨立，歷史證明這個過程是極其漫長的，這條漫長道路的起點是從唐朝開始的。

先秦時期祭祀與教育是合為一體的，因此教育事務的管理從古代傳統觀點看來，應該由「禮」官體系負責。《尚書》記載舜時由秩宗掌天、地、人三禮，《周禮》中春官為禮官，其長官稱為大宗伯。秦朝時稱奉常，兼管禮儀祭祀和宗室事務，漢代因襲秦朝，後另設宗正管理宗室事務，奉常改稱太常，時間在景帝中元六年（154 年），《宋書·百官志上》記：「景帝中六年，更名曰太常。應劭曰：『欲令國家盛大常存，故稱太常。』前漢常以列侯忠孝敬慎者居之，後漢不必列侯也。」〔註24〕《後漢書·百官志》記載了太常的職掌：「太常，卿一人，中二千石。本注曰：掌禮儀祭祀。每祭祀，先奏其禮儀；及行事，常贊天子。每選試博士，奏其能否。大射、養老、大喪，皆奏其禮儀。」〔註25〕可見太常卿是國家最高的典禮官。文教事務是太常兼管的一個方面，且集中在博士的考察選用和博士弟子的選拔錄取方面，因此《漢書·百官公卿表》將博士列為太常的屬官。由於掌握了太學學官的選用和學生的招生工作，太常就控制了太學行政事務的主要方面。不過嚴格說來，博士並非完全從屬太常，更多的情況是朝廷通過考核選拔程序來錄用。一直到唐代之前，太學或國子監等中央官學均處於太常的管轄之下。漢代之所以由太常管理太學原因就在於自三代以來國學就是培養國子的場所，國子即指王的宗親弟子等，「（師氏）以教國子弟，凡國之貴遊子弟學焉。」〔註26〕而漢初是由太常管理宗室事務，因此，主掌宗室教育的太學就理所當然的由太常管理。

〔註23〕張保同：《略論兩漢士大夫的異同》，《史學月刊》2006 年第 9 期。

〔註24〕《宋書》卷三十九《百官志》，第 1228 頁。

〔註25〕《後漢書》卷一百一十五《百官志》，第 3571 頁。

〔註26〕《周禮·地官司徒》。

另外，古代國學的職責主要是教授國子禮樂，故而《漢志》曰：「十五入大學，學先聖禮樂，而知朝廷君臣之禮。」太學是教授禮樂的部門，故而由太常管理。

隨著教育走向成熟，國學的職能逐步從教授禮樂而轉變為教授儒家經典，培養國家後備人才，教授禮樂的功能實際已經名存實亡，人們的理念也隨之而改變。既然國學的培養目標已經改變，沒有理由再由主管禮儀的太常寺負責，唐代國子監正式從主管宗教禮法事務的太常寺統轄下分離出來，即是教育自身成熟完善的反映。唐太宗貞觀元年（627 年）「改國子學為國子監」〔註27〕，將國子監從太常寺的統屬下解放出來，依舊置祭酒總管國子監的教育行政事務，從此，國子監不再隸屬太常寺，轉而由禮部統屬，標誌著教育開始了走向獨立的進程。

第二節　唐代教育的特點與歷史地位

唐朝的教育制度不僅為唐代社會政治、經濟和文化的發展提供了人才和制度保障，在中國古代教育史上也佔有非常重要的地位，唐代教育開始具有了與政治相脫離的趨勢，教育走向獨立王國的歷史是從唐代開始的。教育走向獨立主要表現在以下幾個方面：

一、唐代教育開始出現與政治相脫離的趨勢

第一，從政治上看，教育行政權的獨立。國子監脫離主管宗廟禮法體系的太常寺轉歸主管教育的禮部統轄，從制度上標誌著教育行政權的獨立。在隋以前國子監隸屬於太常寺，直至隋文帝開皇十三年（593 年），「國子寺罷隸太常，又改寺為學。」〔註28〕改革了漢以來國學諸官均屬太常的制度，國子寺不再隸屬太常，並改寺為學。主管教育的國子監與主管禮儀的太常寺成為兩個平行的機構，從而使禮、教之間的分工更加細密，禮儀與教育各自有了一套獨立的系統。但是這一制度並未從此就固定下來，其後還經歷了兩次反覆。一次是仁壽元年（601 年），由於文帝晚年「精華稍竭，不悅儒術」〔註29〕於是年罷國子學，唯立太學一所，「國子學唯留學生七十人，太學、四門及州

〔註27〕《舊唐書》卷四十二《職官志》，第 1785 頁。

〔註28〕《通典》卷二十七《職官典九》，第 764 頁。

〔註29〕《隋書》卷七十五《儒林列傳序》，第 1706 頁。

縣學並廢」，並在「秋七月戊戌，改國子為太學。」〔註30〕省國子祭酒，置太常博士，總知學事，國子監再次淪為太常寺的附屬機構。這次反覆時間並不長，到隋煬帝大業三年（607年）即結束，煬帝又改國子學為國子監，並設置祭酒一人為之長，司業一人為之副，以統轄國子學、太學、四門學等，國子監再次恢復了教育行政管理權。第二次反覆發生在唐初，隋煬帝改革之後不久隋朝滅亡，唐初立國祚，無暇創建新的制度，於是武德年間唐高祖沿用了許多隋文帝時期的制度，國子監改為國子學，復隸太常寺。這次反覆時間更加短促，唐太宗即位之後即著手對各項制度進行全面整頓，「貞觀元年，改國子學為國子監，分將作為少府監，通將作為三監。」〔註31〕再次將國子監從太常寺的統屬下解放出來，依舊置國子祭酒總管國子監的教育行政事務，國子監行政管理權的歸屬問題從此以後便塵埃落定，此後一千多年的封建社會一直沿用不再變革。隋仁壽年間至唐貞觀元年，二十七年的時間內國子監行政權歸屬的反覆，是教育行政權固定下來之前處於搖擺和過渡期的一種反映，這種反覆持續的時間非常短，太常寺兩次攬回教育行政權加在一起的時間不到二十年，且每次反覆都只能維持幾年的時間，太常寺對教育的統轄權從根本上已經解除。

國子監由禮部統轄，並不意味著教育成為禮樂制度的附庸，而是已經成為一個具有獨立行政權的部門。關於六部與寺監的關係問題，嚴耕望先生早在1952年發表的大作《論唐代尚書省之職權與地位》與《尚書省六部與九寺五監的關係》等文章中就已經有明確的闡述，他認為：六部與寺監是一種上承下行的關係，六部是上級機關，主政務，寺監為下級機關，主事務，這些論斷有著重大的學術意義，是我們做進一步研究的基礎。嚴耕望先生之後，樓勁、李錦繡等先生又從各自的角度對此作了闡發，尤其李錦繡先生進一步指出具體下符與諸寺監的是二十四曹，而不是六部。從機構上講，雖然尚書省作為從整體上總匯天下行政的機構，是國子監的上級機關，但國子監與六部之間卻是平行的，六部尚書與九卿品級大致相當，相互之間沒有隸屬關係。〔註32〕國子監實際上已經成為一個獨立的教育行政機關。

〔註30〕《隋書》卷二《高祖本紀》，第47頁。
〔註31〕《舊唐書》卷四十二《職官志一》，第1785頁。
〔註32〕詳見吳宗國主編：《盛唐政治制度研究》第三章「隋與唐前期的尚書省」，第101～103頁。

　　《唐六典》卷四《尚書禮部》:「禮部尚書、侍郎之職,掌天下禮儀、祠祭、燕饗、貢舉之政令。其屬有四:一曰禮部,二曰祠部,三曰膳部,四曰主客;尚書、侍郎總其職務而奉行其制命。」〔註33〕禮部負責的是有關教育的行政法規、條例的編製和頒行。行政法規的執行、學校內部具體事務的管理則由國子監具體負責。國子監行政權的獨立體現在:國子監內部的重大事務通常由國子監長官直接上報皇帝而不是通過禮部來獲得處理意見,例如開元十六年(728年)十二月,國子祭酒楊瑒奏:「今之明經,習《左氏》者十無一二,恐左氏之學廢。又《周禮》、《儀禮》、《公羊》、《穀梁》亦請量加優獎。」玄宗批准其奏請,遂下制曰:「明經習《左氏》,及通《周禮》等四經者,出身免任散官。〔註34〕又如開成二年(837年)五月,判國子祭酒事門下侍郎平章事鄭覃奏:「太學新置五經博士各一人,屯田素無職田,請依王府官品秩例賜以祿粟。」帝令從之。〔註35〕無論是學生的學習內容還是國子監學官的俸祿都由國子祭酒直接上報皇帝,最後由皇帝下敕處理。此外,國子監有選補學生,以及一定的選用學官的權力,這兩點在第一章國子監的管理權限一節有詳細的闡述,因此國子監的行政管理權是獨立於禮部而存在的。雖然二者存在形式上的隸屬關係,但實際上國子監是相當獨立的。

　　第二:國子監在經濟上是一個獨立的教育行政機構。最遲到開元時期,六部與國子監在經濟上已經成為各自獨立的核算單位。據《唐六典》卷六《尚書刑部》比部郎中員外郎條曰:「凡京司有別借食本,每季一申省,諸州歲終而申省,比部總句(勾)覆之。」並對這句話進一步注釋為:「中書、門下、集賢殿書院各借本一千貫,尚書省都司、吏部、戶部、禮部、兵部、刑部、工部、御史臺、左・右春坊、鴻臚寺、秘書省、國子監、四方館、弘文館各百貫,皆五分收利,以為食本。諸司亦有之,其數則少。」〔註36〕同書卷七《尚書工部》屯田郎中員外郎條曰:「凡在京諸司有公廨田,皆視其品命,而審其分給。」此條後進一步注解,「司農寺二十六頃,殿中省二十五頃,少府監二十二頃,太常寺二十頃,京兆、河南府各一十七頃,太府寺一十六頃,吏部、戶部各一十五頃,兵部及內侍省各一十四頃,中書省及將作監各一十三頃,刑部、大理寺各一十二頃,尚書都省、門下省、太子左春坊各一十頃。

〔註33〕《唐六典》卷四《尚書禮部》,第108頁。
〔註34〕《唐會要》卷七十五《明經》,第1373頁。
〔註35〕《唐會要》卷九十二《內外官職田》,第1672頁。
〔註36〕《唐六典》卷六《尚書刑部》,第195頁。

工部、光祿寺、太僕寺、秘書省各九頃，禮部、鴻臚寺、都水監、太子詹事府各八頃，御史臺、國子監、京縣各七頃……」〔註37〕關於具體的公廨錢、公廨田等制度，學界已經有了細緻的研究，〔註38〕在此不擬多談，只是想指出，至遲在開元時期，禮部與國子監在借食本和公廨田的分配上是各自獨立的，這是國子監在經濟上獨立的一個表現。

第三，從國子監的釋奠禮儀來看

國子監釋奠禮，史籍中記載最早始於西周時期，凡始立學者及每年的春秋二時，都要行「釋奠」之禮，以示敬學重道。按《禮記‧文王世子》：「凡學，春官釋奠於其先師，秋冬亦如之。凡始立學者，必釋奠於先聖先師，及行事，必以幣。凡釋奠者，必有合也，有國故則否。」〔註39〕鄭注云：「官，謂《禮》、《樂》、《詩》、《書》之官也。」「彼謂四時之學，將習其道，故儒官釋奠，各於其師。既非國學行禮，所以不及先聖。至於春、秋二時合樂之日，則天子視學，命有司典秩，即總祭先聖、先師焉。秦、漢釋奠，無文可檢。」〔註40〕這段話解釋了何為釋奠、釋奠時間，釋奠主持情況，以及釋奠程序等。釋奠是在國學舉行的對先聖先師祭祀的儀式。祭祀分為釋奠和釋菜二儀，釋奠禮一般在四時仲月上丁日（即每年的二、五、八、十一月的第一個丁日）舉行，儀式較隆重，以酒牲為祭。釋菜禮是每月朔日（初一）或者學生入學時舉行，以萍藻為祭，儀式較簡單。唐代釋奠禮的諸多方面均顯示國子監已經成為一個獨立的教育行政機構，下面從兩個方面詳細闡述。

（一）祭主由皇帝變為學官

釋奠的祭主在歷史上先後發生過幾次變化。

先秦時期，祭主最初是君主。孔子逝世之後，釋奠分為兩個層次，即君主釋奠與儒官釋奠。釋奠禮實行很早，《禮記‧王制》：「天子將出征，類乎上帝，宜乎社，造乎禰。禡於所征之地，受命於祖，受成於學，出征執有罪，反，釋奠於學，以訊馘告。」此時釋奠禮的主祭就已經是天子，而釋奠對象應該是周公，因為相傳周公輔佐成王，制禮作樂。周代教師的教學內容之一

〔註37〕《唐六典》卷七《尚書工部》，第 224 頁。
〔註38〕參看陳仲安、王素《漢唐職官制度研究》第四章第三節《田祿》，369～385頁。
〔註39〕《禮記‧文王世子》。
〔註40〕《舊唐書》卷二十四《禮儀志四》，第 917 頁。

就是教國子以禮樂，「保氏掌諫王惡。而養國子以道：乃教之六藝，一曰五禮，二曰六樂，三曰五射，四曰五馭，五曰六書，六曰九數」〔註41〕，既然國子所學內容為周公所制禮樂，那麼在國學舉行釋奠禮以尊奉周公，也是情理中事。這個時期，釋奠禮是與天子躬養三老五更的辟雍禮聯繫在一起的，天子率群臣躬養三老五更的地點是在辟雍，在舉行辟雍禮之前要先祭祀先聖先師。據乙瑛碑記：「辟雍禮未行，祠先聖師」，由此可知，釋奠禮是在舉行辟雍禮之前、由君主親自主祭的儀式。孔子逝世後，他的子孫、弟子等開始舉行釋奠禮以紀念他，此後，學校釋奠逐漸將先聖周公、先師孔子同時納為釋奠對象。於是先秦時期釋奠禮就有了普通釋奠禮和國學釋奠禮兩種，普通釋奠禮是指儒官祭祀自己的授業之師，祭主自然是儒官個人；而國學釋奠，由天子主祭，則總祭先聖周公和先師孔子。

秦代釋奠禮無相關記載，祭主情況不得而知，漢初應該繼續傳承皇帝國學釋奠的制度。貞觀二十一年（647年）中書侍郎許敬宗等奏議釋奠禮儀時，對隋之前釋奠禮儀的祭主進行了概括，「按《禮記·文王世子》，凡學官春釋奠於先師。鄭元注曰：『官謂詩書禮樂之官也。彼謂四時之學，將習其道，故儒官釋奠，各於其師，既非國學行禮，所以不及先聖。至於春秋二時合樂之日，則天子視學，命有司典秩節，總祭先聖先師焉。秦漢釋奠，無文可撿。至於魏武，則使太常行事。自晉宋已降，時有親行。而學官主祭，全無典實。」說明秦、漢兩代沒有留下關於釋奠禮主祭人員的記載，秦朝崇尚法制、以吏為師，沒有設立國學，也沒有關於釋奠禮的記載，因此主祭人員是誰更不得而知。但是漢代有太學、郡縣學，也有釋奠禮的記載，只是沒有留下具體的釋奠禮制度、程序以及主祭人員的記載，按照漢代禮法制度多遵循周禮來推測，主祭應該仍然是皇帝。東漢明帝多次親臨辟雍行祭祀禮可為明證，據《後漢書·禮儀志上》記載：「明帝永平二年三月，上始帥群臣躬養三老、五更於辟雍。行大射之禮。郡、縣、道行鄉飲酒於學校，皆祀聖師周公、孔子，牲以犬。」〔註42〕辟雍在周代是國學，是舉行辟雍禮、釋奠禮、躬養三老、五更的地方，周代釋奠禮在辟雍禮之前，由皇帝親自主祭，既然漢代仍然沿用周代的辟雍禮，那麼極其可能釋奠禮仍然由皇帝主祭。從漢代郡縣鄉等均「皆祀聖師周公、孔子」的情況推測太學釋奠禮更不可能缺失。此外，漢和帝、

〔註41〕《周禮·地官司徒》。
〔註42〕《後漢書》志第四《禮儀志上》，第3108頁。

漢順帝、漢靈帝都曾經親臨辟雍主持祭祀，辟雍存在，法周於辟雍釋奠先聖先師的禮儀應該也存在。在漢代釋奠祀先聖周公、先師孔子定制之後，儒官個人祭祀授業之師的行為已不屬於國家釋奠禮的範疇。

自魏晉南北朝至隋，釋奠禮祭主經歷了從皇帝—太常卿—學官的變化，但偶而會發生反覆。胡三省在《資治通鑑》卷二百四十「大曆元年八月條」中對釋奠注釋時，轉引鄭玄的解釋，對秦漢以降至唐代釋奠主祭人員的變化進行了細緻的概括。「秦、漢釋奠無文。魏則以太常行事，晉、宋以學官主祭。南齊武帝時，有司奏釋奠先聖先師，禮文又有釋菜，未詳今當行何禮，用何樂？時從喻希議，用元嘉故事，設軒懸之樂，六佾之舞，牲牢器用悉依上公。梁及北齊，車駕視學，皆親釋奠。唐春、秋釋奠，三獻皆以學官。太宗貞觀十四年，親釋奠於國學。」〔註43〕結合前面的分析，我們可以看出先秦至隋唐時期，祭祀管理部門與祭主的演變趨勢，即主管部門由春官—太常寺—國子監，主祭人員的變化則可以概括為皇帝（秦以前為君主）—太常卿—學官。曹魏齊王正始七年（246年），皇帝不親臨釋奠，詔令太常寺長官太常卿釋奠孔子於辟雍，即辟雍禮與釋奠禮開始分開，開始由主管教育的部門——太常寺單獨舉行釋奠禮。晉武帝泰始三年（267年）詔太學及魯國四時備三牲以祭孔子，除了在孔子的出生地舉行釋奠禮外，只能在太學孔廟舉行釋奠禮。但為了顯示對學校教育的重視，此後一段時期仍然不時的有皇帝親自主持釋奠禮，梁及北齊皇帝皆親釋奠。但從晉武帝開始，以後各朝只要皇帝不參加釋奠禮，就由太常寺長官太常卿主祭。隋代尚未發現有關釋奠祭主的記載。魏晉南北朝時期是唐代系統的禮儀制度確定之前的制度反覆階段，因此在晉、宋確定學官主祭的制度之後，梁和北齊又出現過皇帝親自釋奠的情況，但這不是常規性的釋奠禮儀，太常卿主祭才是常禮。

唐代學官主祭的制度正式確立。唐代國子監從太常寺脫離，國學釋奠禮的主祭官就變為國子監的最高行政長官國子祭酒。但有時為了彰顯統治者對教育的重視，原來皇帝親臨參與釋奠禮在貞觀以後也演變為皇太子不時親臨並主持釋奠儀式，在皇太子親臨釋奠禮的時候，通常皇太子成為主祭官，但是皇太子主持釋奠禮不是經常性的，通常情況下都是由學官自己主持。「凡春、秋二分之月，上丁釋奠於先聖孔宣父，以先師顏回配，七十二弟子及先儒二十二賢從祀焉。祭以太牢，樂用登歌、軒縣、六佾之舞。若與大祭祀相

〔註43〕《通鑑》卷二百二十四「代宗大曆元年（766）年八月」，第7191～7192頁。

遇，則改用中丁。祭酒為初獻，司業為亞獻，博士為終獻。若皇太子釋奠則贊相禮儀，祭酒為之亞獻。」〔註44〕唐代確定學官主祭的制度之後，唐高祖武德七年（624 年）、唐太宗貞觀十四年（640 年）又出現過兩次皇帝親自主持釋奠禮的情況，結合當時的社會形勢，將這種行為理解為政權初創時期的一種崇儒行為似乎更加合理。武德、貞觀時期剛剛平定各地義軍、社會秩序尚不穩定、民心尚懷向背，穩定社會秩序，籠絡人心成為當務之急。儒家尊奉倫理綱常的思想符合了政治需要，唐初開始大力推行崇儒政策，皇帝對儒學異常重視，時常前往國子監聽儒官講論，多次對學官、學生進行褒獎。武德七年、貞觀十四年統治者通過親自主持釋奠，這種不同尋常的舉動是為了進一步向天下臣民昭示國家推崇儒學的政策，進而達到促進國民學習儒家經典、接受儒家思想、進而以儒家倫理綱常約束自身，從而達到穩定社會秩序的目的。

　　釋奠禮與辟雍禮（布政之禮）的分離、學官代替皇帝主祭的事實體現了教育與政治分離、走向獨立的趨勢。從周天子享明堂時釋奠辟雍，顯示了政治與教化一體，教育只是政治行為的一部分；到了唐代，代表政治制度的周公逐漸退出教育聖壇，皇帝也逐漸退出教育禮儀，在君主專制制度發達的唐代，政治高於一切，作為統治一切的至上權威，屈尊降貴去祭拜教育領域的神靈是不合時宜的。唐玄宗追諡孔子為文宣王的例子，並不代表孔子地位的上升，而是孔子作為臣子地位的明確化，王是對皇帝的兄弟子侄的封號，畢竟低於皇帝，皇帝對臣子加以袞冕之服是為了表示對臣子的尊崇。從禮儀上說皇帝是不能親自拜祭臣子的，所以就讓學官以「皇帝謹遣」的身份舉行釋奠禮。代宗時主客員外郎歸崇敬的建議「春秋釋奠孔子，祝版皇帝署，北面揖，以為太重。宜準武王受丹書於師尚父，行東面之禮。〔註45〕認為皇帝對於所署的祭祀祝版也不能面北而拜，因為只有臣子對皇帝才能行北面之拜，建議皇帝改而對祝版行東面之禮，說明隨著教育對政治依附性的減弱，它在國家政治生活中的地位也不可避免的下降了。

　　唐代地方官學釋奠不同於國子監，學官雖然也參與祭祀，但是主要由地方行政長官主祭。唐代確立了從中央到地方的一整套釋奠禮制度，地方官學釋奠禮的主祭者也發生過變化，從唐初「以儒官自為祭主，直云博士姓名，

〔註44〕《唐六典》卷二十一《國子監》，第 557、558 頁。
〔註45〕《新唐書》卷一百六十四《歸崇敬傳》，第 5035～5038 頁。

昭告於先聖。又州縣釋奠，亦博士為主」的學官為主祭，演變為貞觀時許敬宗建議實行三獻制後，「其州學，刺史為初獻，上佐為亞獻，博士為終獻。縣學，令為初獻，丞為亞獻，主簿及尉通為終獻」〔註46〕。地方州縣學之所以由最初的以儒官自為祭主轉變為以地方行政長官為祭主，原因大概在於地方學官的品階太低，不足以體現國家對儒學的重視。這種猜測是源於唐代曾經出現過因為學官地位太低，不足以飾揚盛事而以其他官員代替學官論講的情況。元和二年（807 年）八月，國子監奏，「準敕，今月二十四日，諸州府鄉貢明經進士見訖，宜令就國子學官講論，質定疑義，仍令百僚觀禮者。伏恐學官職位稍卑，未足飾揚盛事，伏請選擇常參官，有儒學者三兩人，與學官同為講說。庶得聖朝大典，輝映古今。於是命兵部郎中蔣武、考功員外郎劉伯芻、著作郎李蕃、太常博士朱穎、鄘王府諮議章廷珪，同赴國子監論講。」〔註47〕國子學能夠參與釋奠禮講論者多為學官中的博學碩儒，最低品階也在七品之上，尚且被認為職位稍卑，未足飾揚盛事，那麼最高品階僅為八品的州學博士，和無品階的縣博士又怎能被允許主祭呢？因此，由州縣長官刺史、縣令等主持釋奠主要原因在於學官品級較低。這些都反映了由於地方官學教育的相對不成熟，教育在走向獨立的過程中還存在著重重的阻礙。

國學釋奠主祭由皇帝變為教育部門長官的事實，顯示了教育從政治中孕育又日益與其疏遠、走向獨立的過程。獨立的同時意味著其與政治之間離心力的增強，在以政治為主體的國家管理模式下，統治者對於各種制度的重視程度也是以政治為軸心向外輻射，與政治統治關係越小則越不受重視，教育與政治的關係比起經濟、禮儀與政治的關係要疏遠得多，因此地位也低得多，這就造成隨著教育的獨立其對於政治的依附力越來越小，統治者對它的重視程度與投入也逐步減少，這也是教育逐步下移民間的原因之一。當然這裡所說的重視程度與投入是指國家對普通百姓的教育投入與重視程度而言，統治者對於其後代統治者的教育是向著日益重視的程度發展的。

（二）祭祀對象由周公變為孔子

先聖是指有功德於世者，先師為傳道授業者。釋奠禮早在周代以前就已經實行，只是先聖先師所指代的具體對象與後代不同。三代時先聖主要指各代的創業君主，「相傳有虞氏之世以虞舜為先聖，夏代以禹為先聖，商代以成

〔註46〕《通典》卷五十三《釋奠禮》，第 1474 頁。
〔註47〕《唐會要》卷六十六《國子監》，第 1159 頁。

湯為先聖，周代以周文王為先聖。而先師則多侷限於一方一地。」〔註48〕周成王以後，因為周公制禮作樂，是封建社會制度的創制者，因此就以周公為先聖，並將其作為釋奠禮的祭祀對象。兩漢時期，儒家學者接受了周禮重學的傳統，太學聚徒之處必行釋奠禮以祭祀先聖先師。但是起初，漢代循周制尊奉周公為先聖，學生則以直接傳授學業的教師為先師，孔子還不曾被冠以先聖先師的頭銜。直到東漢明帝永平前後，孔子才具有了先師的身份，明帝永平二年（59年）開始，孔子與周公同被供奉於學校〔註49〕，據《後漢書‧禮儀志》記載：「明帝永平二年三月，上始帥群臣躬養三老、五更於辟雍，行大射之禮。郡、縣、道行鄉飲酒禮於學校。皆祀聖師周公、孔子，牲以犬。」其中「聖」指先聖周公，「師」則指先師孔子，正式確立起在太學立廟祭祀孔子的制度。按規定，太學中周公孔子的神位安排是：周公神位面南背北，孔子神位則面東背西，是對現實社會中君臣關係的一種折射。此後魏晉南北朝時期先聖先師指代對象不一，國學釋奠或祀孔或尊周，或者二者同祭，制度不一。宋代王溥在綜述漢魏以來的先聖先師制度時說，「漢魏以來，取捨各異，顏回孔子，互作先師。宣父周公，迭為先聖。求其節文，遞有得失。」〔註50〕從隋朝開始，孔廟釋奠祭祀先聖孔子、先師顏淵。唐高祖改革，釋奠禮以東漢太學禮儀為準，以周公為先聖、孔子為先師，「（武德二年）六月戊戌，令國子學立周公、孔子廟，四時致祭，仍博求其後。」〔註51〕唐太宗貞觀二年（628年）左僕射房玄齡、國子博士朱子奢認為高祖的做法不合時宜，於是建言：「周公、尼父俱聖人，然釋奠於學，以夫子也。大業以前，皆孔丘為先聖、顏回為先師」〔註52〕，於是罷祀周公，仍以孔子為先聖，顏淵為先師。但唐高宗永徽年間聖師之位再次發生反覆，改革貞觀之制復用武德初制，復以周公為先聖、孔子為先師。但這種反覆沒有持續多久，就被太尉長孫無忌等人推翻，他們總結了貞觀以前的各朝釋奠制度，於顯慶二年（657年）七月十一日上疏，認為漢魏以來有關禮節的規定，遞有得失，「所以貞觀之末，親降綸言，依《禮記》之明文，酌康成之奧說，正孔子為先聖，加眾儒為先師，永

〔註48〕參見曲應傑《歷代京都及地方孔廟考述》，《孔子研究》1996年第3期。

〔註49〕程舜英《隋唐五代教育制度史資料》，北京師範大學出版社1998年9月第1版，第60頁。

〔註50〕《唐會要》卷三十五《褒崇先聖》，第636頁。

〔註51〕《舊唐書》卷一《高祖本紀》，第9頁。

〔註52〕《新唐書》卷十五《禮樂志》，第373頁。

垂制於後昆。」〔註 53〕高宗聽取了長孫無忌的意見，恢復孔子為先聖，周公
仍依別禮配享武王，此後一直到清末釋奠以孔子為先聖即成定制，周公之位
從此便被搬出了廟學。周公之所以被孔子所替代，原因在於「周公踐極，制
禮作樂，功比帝王，所以禹、湯、文、武、成王、周公為六君子。又說明王
孝道，乃述周公嚴配，此即姬旦鴻業，合同王者。祀之儒官就享，實貶其功。」
之所以正孔子先聖之位，理由是「仲尼生衰周之末，拯文喪之弊，祖述堯舜，
憲章文武，宏聖教於六經，闡儒風於千世，故孟軻稱生民以來，一人而已。
自漢已降，奕葉封侯，崇奉其聖，迄於今日。」〔註 54〕亦即周公功業比於王
者，供奉於儒學之所，會貶低了其功業，因此釋奠禮以孔子代替周公。更為
重要的原因是隨著社會的進步，各項社會分工日益專業化，教育制度也逐步
走向成熟，教育領域迫切需要一個自己的專門祖先來崇奉，顯然制禮作樂、
創制封建社會各項制度的周公供奉在學校之中，似乎有神大廟小之嫌，而且
僅將其視為教育創制祖先也貶低了他的功業，相比之下，孔子作為教育領域
的創始人更為合適。

　　綜以上論述可知，釋奠禮自創始至唐代，祭祀對象經歷了從三代祭祀創
業君主、西周成帝祭祀周公到漢代周孔兼尊，再到魏晉南北朝或尊周或尊孔，
直至唐代周公讓位於孔子、完全從釋奠禮儀中退出，這樣一段曲折的變化過
程；孔子的地位則經歷了由最初的家廟祭祀—先師—先聖的轉變，動態地展
現了教育自身的發展歷程，即從原始孕育狀態，到與宗教分離與政治結合，
進而走向獨立、成熟的成長經歷。隋唐時期確立的廟學制度，下開一千數百
年中國的教育傳統，其在制度上的存在，更多的是一種歷史的慣性，也是後
代對前代制度精華合理改造之後的結果。此時孔子廟學的建立與其說是體現
了教育領域殘留的宗教色彩，不如說是教育開始獨立的象徵。而此時的釋奠
孔子，正如木匠祭奠魯班，戲曲崇奉唐玄宗，某些商場、賭場尊奉關公一樣，
是作為一種對開創者的敬仰之情、紀念之意，也摻雜著求其庇祐之情，但其
宗教色彩已經相當淡化了。孔廟的存在並不能作為教育仍然保留著宗教因素
的依據，孔子作為教育行業的祖先，為其立廟祭祀只是一種紀念與象徵意義，
並不存在所謂的宗教色彩。

　　中國古代教育雖然早在秦代以前就擺脫了宗教的羈絆，但自漢代以後卻

〔註 53〕《唐會要》卷三十五《褒崇先聖》，第 636 頁。
〔註 54〕《唐會要》卷三十五《褒崇先聖》，第 636 頁。

一直處於政治的附庸地位，不過，隨著教育的日漸成熟，從魏晉南北朝時期開始教育就已經出現與政治脫離的苗頭。唐代最後完成了周公與釋奠禮儀的分離，立孔子為先聖，不僅是教育禮儀的重大變革，也標誌著教育在與政治脫離的漫長道路上邁出了一大步。獨立的教育管理部門國子監的出現，標誌著教育開始擺脫純粹政治附屬的地位開始具有了獨立的傾向，但這個獨立的過程持續的時間很長，直到清末科舉制度的廢除才使教育真正的脫離了政治，不再僅僅是為統治者培養官吏的機構，而是為滿足社會所需而培養各種人才的機構。當然我們所說的教育獨立也只是相對的獨立，因為只要存在統治階級那麼整個社會制度就無不受到這個階級的影響，帶有一定的政治色彩。

二、唐代教育體制的基本格局，奠定了後代教育制度的基本框架和運行模式

魏晉南北朝時期，雖然戰亂頻仍，但多數的小王朝依然對教育投注了心力。這一時期，不僅私學和各類專門教育得到了巨大發展，官方正規的學校教育方面，也出現了很多重大變化：其一是西晉時期，在太學之外，建立國子學；其二是郡國學校趨於興盛，北魏甚至對郡國學校的建設進行了具體的規劃。隋唐時期繼承了魏晉教育制度的各項成果，並使之進一步完善。隋和唐初所確立的體制及其他相關制度具有很大的開創性，開啟了此後一千多年教育制度的基本模式。諸如中央政府通過制定統一的教育政策、頒布全國統一的考試制度，使官學與私學達到了有機的統一；以科舉制度作為錄取人才的標準；中央官學的學官以才學標準遴選並通過考試由中央任免；通過制度和法律來保障學官利益與責任的履行等等。但這一時期的教育制度仍然帶有很強的過渡性。隋唐以後，隨著科舉制度的逐步成熟，在其推動之下中國教育開始制度化，從過去的各種教育形式之間缺乏聯繫走上了系統化的道路，這種制度化是從唐代開始的。首先是科舉制度的實行將地方與中央官學的教授內容與考試標準達到了統一，而且從宋代以後，學校的等級性逐漸削弱。平民子弟接受教育的機會增多，持續存在的科舉制這種選拔方式為這種機會的出現提供了很好的途徑，而科舉制度走向民眾化的這種傾向也是在唐代出現的。其次，地方學校的學生除了參加科舉考試外，還可以通過地方官員的選拔而進入國子監中的四門學學習，使地方學校不僅成為科舉考試對象的重要來源，初步建立起地方官學與中央官學之間的聯繫。而宋代實行的三舍法

等使教育制度化的各項措施，不過是在唐代教育制度基礎上的進一步完善。總之，唐代學校教育的領導體制、學校系統、入學資格、課程內容等等都成為封建社會學校制度的模範，宋元以後，只是在唐代教育制度的基礎上有所增減而已。由此說唐代教育制度的基本格局奠定了後代教育制度的集本框架和運行模式。

　　此外，唐代國子監作為一個獨立的教育機構，已經把七學集中在一起，形成以國子監為首的統一管理模式，七學建於國子監之內，這是與隋以前各代所不同的。這是南北朝以來教育變革的總結，也是適應國子監已經成為獨立的教育管理部門的現實情況而做出的調整。

結　語

　　唐代在中國文化史上曾寫下了輝煌的一筆，這與唐代中央政府所實行的文化政策與教育方針都有著密不可分的關係。科舉制度的盛行、官學體制的統一完善，都肇始於唐代，這些都使唐代在中國教育制度發展史上成為不可小覷的一環。唐代處在中國儒學改革、與教育發展的大漩渦中，學官擁有官員與教師的雙重身份，同時置身在官制、科舉制度變化的衝擊之下，這些因素的合力便造就了唐代學官的坎坷命運。

　　中國儒學在經歷了漢代的唯我獨尊後，歷經魏晉玄學、佛教等的衝擊，到了唐代，雖仍保留有相當的威勢，但其地位已然大不如前。而自漢代先秦儒家的作品被奉為經典之後，學者們只能對其進行注釋，由此而產生的傳、章句、注、解等對經文進行解釋的釋書文體，以及正義、疏等對注進行注解的文體，以上各種研究方式都本著「注宜從經，疏不破注」的原則，尊奉經文，不能改變，使儒學經典走向繁瑣與思想僵化，逐漸不能適應統治需要，導致統治者對待儒學態度發生了轉變。反映在統治政策上，就是統治者表面打著崇儒的旗號，實際實行的是儒佛道三家為我所用的原則，甚至時而發生佛道二教超過儒學地位的情況。反映在學制方面，就是崇玄學的設置，與科舉考試中道舉的出現。反映在學官全體中，即中央學官雜用道士，地方學官聘請僧人。儒學地位的變化、以及自身的僵化，都使經學、以及以經學為主要教授內容的官學發生了危機，明經科地位降低、官學衰落即為明證。這些又進一步影響了學官的社會地位，使其由原來的地位崇重，轉而成為無足輕重的官員，世人也漸恥於為師。學官的選任標準也隨之發生了一系列變化，如由重經轉為重文，社會聲望要求降低等等。儒學在這個過程中為擺脫窘境，

也逐步從佛、道二教中吸收養分，為儒學的重振積蓄著力量。

一部中國教育制度史是教育隨著人類社會文明的發展與進步，逐步從宗教、社會政治、禮樂制度等錯綜複雜的母體中孕育、成熟到脫離母體逐步開始走向獨立發展的過程。教育獨立王國的建立是從唐代開始的。國子監教育行政權的獨立、經濟上的獨立核算，以及釋奠禮中祭祀對象從周公到孔子的轉變，學官主祭權的獲得都是教育逐步走向獨立的標誌。教育走向獨立的過程雖然延續千年，但是這種變化對於唐代教育仍然產生了相當大的影響。國子監脫離了禮部的掌控，具有對學生進行招收、補錄、考查和選送的權力，並獲得了對於學官錄用、考察、以及一定的補授權力。國子監的管理與教學活動基本處於自我管理的狀態。教育的獨立在學官的官職遷轉中也有一定的表現，比如國子監學官的內部遷轉有了自己的一套路徑，且較為穩定的執行，基本不受其他因素的干擾。

唐代政治形勢的變化，以及地方藩鎮勢力的壯大，都對唐代原有的官制系統產生了強大衝擊。使職差遣制的出現，是唐代官制的一大特色。官制的變化在唐代學官中也有重大影響，檢校學官的出現即為代表。唐代前期，檢校學官僅三人，第一個是唐高宗麟德二年陸敦信檢校大司成，初為代理之職，不久即正命為大司成；第二個是唐中宗時武嗣宗檢校國子祭酒；另一個是唐玄宗天寶四載檢校國子司業薛巘，三例同為代理學官，並在所檢校部門實際任職。自唐代宗之後的檢校官大多帶有中央官銜，卻不在所檢校部門任職。檢校學官多為地方藩鎮幕僚擔任，這種掛銜只是用來表示其地位的尊崇和升遷之經歷。由於學官非權要部門，因此受到官制變動的衝擊相對於顯要部門要小得多，目前所見學官中受此影響的只限於品階較高的國子祭酒和國子司業兩個職位。

科舉制度始於隋，盛於唐，作為一種新的選任方式，它生氣勃勃，卻也存在不少缺陷。科舉制度與官學的不協調，是導致唐代官學衰落、學官社會地位降低的一個關鍵因素。科舉重進士輕明經，而官學教育偏重講授經學，使得教學內容與考試內容產生偏差，官學未能及時改革調整，導致官學生徒科舉及第率降低，官學在國家選拔官員的作用中處於可有可無的狀態，因此學官社會地位難免降低。唐代科舉應考範圍擴大，私學考生投考較自由，而官學考生卻至少需要四年的時間，經國子監考查合格之後才可舉送，這些都是唐中期以後私學發展逐步超過官學的重要原因。

　　再加之，唐代是魏晉以來士族門閥制度衰落，新興地主階級興起的變動時期，這種社會大背景反映在學官身上，即出身普通書香家庭的學官大量增多，他們大多是普通百姓，經由科舉做官而開始擁有土地財富，是新興地主階級，鑒於這個階層無權勢、門蔭，科舉成為他們進入仕途的主要途徑。雖然舊門閥士族賴以存在的選官制度被科舉取代，但是他們痛定思痛之後，開始適應新的選官方式，憑藉家族優厚的文化基礎，在科舉中佔有相當的優勢，很快又在官場上扮演重要角色，加之原有關係網以及門蔭等制度也為舊士族重新登上政治舞臺提供了條件。由此看來，舊士族在唐代並未銷聲匿跡，而是憑藉科舉繼續得以存在。魏晉士族與唐代舊士族的區別在於魏晉士族走的是由政治特權進而掌握文化特權的道路，而唐代士族經歷的是依靠文化優勢通過科舉取得政治地位的路線。舊士族通過科舉入仕，與科舉中興盛起來的其他新興貴族相結合，共同構成新的貴族階層，但是各個階層在科舉面前又是平等的，這不能不說是唐代的一項重大創舉。

　　以上各種因素的相互作用，使唐代學官呈現著異於其他時代的特色。

附　錄

附錄一　部分學官任職時間考

本書考證學官共 272 人。其中：國子祭酒任職時間可考者 113 人，任職時間待考者 12 人，共計 125 人；國子博士任職時間可考者 62 人，任職時間待考者 12 人，共計 74 人；太學博士任職時間可考者 38 人，任職時間待考者 2 人，共計 40 人；四門博士任職時間可考的 22 人，任職時間待考者 2 人，共計 24 人；廣文博士任職時間可考者 8 人，任職待考者 1 人，共計 9 人。

一、國子祭酒

卷一　唐高祖

韋澄　　武德初

《舊唐書》卷 75《韋雲起傳》第 2631 頁，「韋雲起，雍州萬年人。伯父澄，武德初國子祭酒、綿州刺史。」又見《唐代墓誌彙編》開元 071《大唐故銀青光祿大夫衛尉卿扶陽縣開國公護軍事韋公墓誌銘並序》，《唐代墓誌彙編續集》建中 007《唐扶風郡夫人墓誌銘》，《全唐文補遺》第一輯《大唐故銀青光祿大夫衛尉卿扶陽縣開國公護軍韋公（頊）墓誌銘並序》，《文苑英華》卷 922《韓休·贈邠州刺史韋公神道碑》。

卷二　唐太宗

楊師道　貞觀十二年前

　　　　《全唐文》卷 138《虞世南·孔子廟堂碑》第 1405 頁,「國子祭酒楊師道等,偃元風於聖世,聞至道於先師,仰彼高山,願宣盛德。昔者楚國先賢,尚傳風範,荊州文學,猶鏤歌頌。」而據《舊唐書》卷 72《虞世南傳》第 2570 頁,「(貞觀)十二年,又表請致仕,優制許之,仍授銀青光祿大夫、弘文館學士,祿賜、防閣並同京官職事。尋卒,年八十一。」說明虞世南作《孔子廟堂碑》時間當在貞觀十二年前。

蕭璟　貞觀十二年

　　　　《全唐文補遺》第一輯《貞觀十二年封虢王李鳳虢州刺史詔書刻石》第 1 頁,「維貞觀十二年四月己卯朔一日己卯,皇帝使金紫光祿大夫行國子祭酒蘭陵縣開國公蕭璟,副使通議大夫元弘度冊命曰:……」。兩《唐書》無傳。

孔穎達　貞觀十二年～貞觀十七年

　　　　《舊唐書》卷 73《孔穎達傳》第 2602 頁,「(貞觀)十二年,拜國子祭酒,仍侍講東宮。……十七年,以年老致仕。」《全唐文》卷 145《于志寧·大唐故太子右庶子銀青光祿大夫國子祭酒上護軍曲阜憲公孔公碑銘》;《金石萃編》卷 47《孔穎達碑·曲阜憲公孔公碑銘》同。又見《唐會要》卷 77《論經義》、卷 42《曆》,《唐書》卷 198《孔穎達傳》、卷 25《曆志一》、卷 75《宰相世系表》,《通鑒》卷 195「太宗貞觀十四年二月」等等。

趙弘安　?～貞觀十七年前

　　　　《唐書》卷 106《趙弘智傳》第 4043 頁,「趙弘智,河南新安人,……父事兄弘安,俸祿歸之,不敢私。弘安卒,哀慟過期,奉嫂謹甚,撫兄子慈均所生。會太子廢,免官。俄拜光州刺史。……弘安亦終國子祭酒。」又見《大唐新語》卷之六《舉賢第十三》,《全唐文》卷 590《故襄陽丞趙君墓誌》。按:太子李承乾被廢在貞觀十七年,弘安死於太子廢之前。

張後允　貞觀二十一年

　　　　《唐書》卷 15《禮樂志》第 374 頁,「(貞觀)二十一年,……

會皇太子釋奠，自為初獻，以祭酒張後胤亞獻，光州刺史攝司業趙弘智終獻。」《冊府元龜》《儲宮部·齒胄》，《登科記考》卷 1「貞觀二十一～二十三年」略同。又見《舊唐書》卷 189《儒學上》，《唐書》卷 198《張後胤傳》、卷 72《宰相世系表》，《唐代墓誌彙編》開元 519《唐故棉州涪城縣丞吳郡張府君墓誌銘並序》、開元 402《唐故徐州滕縣主簿王君夫人吳郡張氏墓誌銘並敘》，《全唐文補遺（二）》《唐故棉州涪城縣丞吳郡張府君（承祚）墓誌銘並序》。《唐會要》卷 35《釋奠》記載事同，但時間為「貞觀二十年」，此不取。《金石萃編》第二冊《張允碑》記載事蹟與兩《唐書》同，但名稱為張允；《唐書》稱張後允，《唐會要》稱張復裔（「復」當為「後」之誤），其他史料均為張後胤。按岑仲勉《唐史餘瀋》卷一《太平公主諸子》中薛崇允即「崇胤」，為避清諱而改；「裔」乃「胤」宋人避改。後允、後裔、後胤當為一人，即張後允。

卷三　唐高宗

趙弘智　永徽四年之前

　　　　《舊唐書》卷 188《趙弘智傳》第 4922 頁，「永徽初，累轉陳王師。……尋遷國子祭酒，仍為崇賢館學士。四年卒，年八十二，諡曰宣。有文集二十卷。」《唐書》卷 106《趙弘智傳》同。又見《大唐新語》卷之六《舉賢第十三》。

令狐德棻　永徽四年～龍朔二年

　　　　《舊唐書》卷 73《令狐德棻傳》第 2599 頁，「永徽元年，又受詔撰定律令，復為禮部侍郎，……四年，遷國子祭酒，以修貞觀十三年以後實錄功，賜物四百段，兼授崇賢館學士。尋又撰《高宗實錄》三十卷，進爵為公。龍朔二年，表請致仕，許之，仍加金紫光祿大夫。」又見《唐書》卷 102《令狐德棻傳》，《舊唐書》卷 65《長孫無忌傳》，《唐會要》卷 63《修國史》，《全唐文》卷 14《高宗皇帝·冊贈渤海王文》、卷 137《令狐德棻》，《金石萃編》卷 56《令狐熙碑》文後注釋。

陸敦信　龍朔二年？～麟德二年（檢校大司成）　乾封元年～？

　　　　《舊唐書》卷 4《高宗本紀》第 86 頁，「（麟德二年）四月丙午，……戊辰，左侍極、仍檢校大司成、嘉興縣子陸敦信為檢校右

相，其大司成宜停。」《唐書》卷 3《高宗本紀》同。《舊唐書》卷 5
《高宗本紀下》第 90 頁，「（高宗乾封元年）秋七月乙丑，徙封殷王
旭輪為豫王。庚午，左侍極、檢校右相、嘉興子陸敦信緣老病乞辭
機揆，拜大司成，兼知左侍極。」《唐書》卷 61《宰相表上》，《通鑑》
卷 201「乾封元年正月」同。《唐書》卷 189《陸元朗傳》第 5639 頁，
「子敦信，麟德中，繇左侍極檢校右相，累封嘉興縣子，以老疾致
仕，終大司成。」

楊思玄　　龍朔二年之後

　　　　　《唐書》卷 199《郎餘令傳》第 5660 頁，「兄（郎）餘慶……累
遷御史中丞，務廉謹下人，引御史坐與論議。吏部侍郎楊思玄倨貴，
視選者不以禮，餘慶劾免其官。」據《唐會要》卷 74《選部上》第
1344 頁，「龍朔二年，司列少常伯楊思元（玄），恃外戚之貴，待選
流多不以禮而排斥之，為選者夏侯彪所訟。而御史中丞郎餘慶彈奏
免官，中書令許敬宗曰：『固知楊吏部之敗。……』」楊思玄被罷免
吏部侍郎的時間在龍朔二年，而其任祭酒的時間在此後。又見《舊
唐書》卷 62《楊恭仁傳》，《全唐詩》卷 102《楊思玄》。

卷四　武則天當政時期（弘道元年～長安四年）

郭正一　　弘道元年～垂拱初

　　　　　《唐書》卷 61《宰相表》第 1649 頁，「（弘道元年十二月）癸未，
（郭）正一罷為國子祭酒。」《通鑑》卷 203「高宗弘道元年十二月」
同。又見《唐書》卷 106《郭正一傳》，《全唐文》卷 168《郭正一》。
《舊唐書》卷 190《郭正一傳》第 5010 頁，「則天臨朝，轉國子祭酒，
罷知政事。尋出為晉州刺史，入為麟臺監，又檢校陝州刺史。」郭
正一自弘道元年任祭酒直至出為晉州刺史之前，按郭正一出為晉州
刺史約在垂拱初（《唐刺史考》第 1029 頁），因此其任祭酒的時間從
弘道元年十二月至垂拱初。

李嶠　　久視元年～長安四年

　　　　　《舊唐書》卷 6《則天皇后本紀》第 129、132 頁，「（久視元年）
秋七月，至自三陽宮。天官侍郎張錫為鳳閣侍郎、同鳳閣鸞臺平章
事；其甥鳳閣鸞臺平章事李嶠為成均祭酒，罷知政事。……（長安
四年）六月，天官侍郎崔玄暐同鳳閣鸞臺平章事；李嶠為國子祭酒，

知政事如故。……十一月，李嶠為地官尚書，張柬之為鳳閣鸞臺平章事。」《唐書》卷 61《宰相表上》，《通鑑》卷 207「則天后久視元年」、卷 207「則天后長安四年十一月」，《舊唐書》卷 94《李嶠傳》同。又見《舊唐書》卷 102《徐堅傳》，《唐會要》卷 49《像》，《大唐新語》卷之八《文章第十八》，《全唐文》卷 242《李嶠》、卷 244《李嶠・讓成均祭酒表》、卷 244《李嶠・自內史再讓成均祭酒表》等等。

朱敬則　長安四年二月

　　　　《唐書》卷 115《朱敬則傳》第 4220 頁，「以老疾還政事，俄改成均祭酒、冬官侍郎。」可知其任祭酒在罷知政事之後。《全唐文》卷 170《朱敬則》同。又見《舊唐書》卷 90《朱敬則傳》。按《唐書》卷 61《宰相表》第 1667 頁，「（長安四年）二月癸亥，迥秀貶廬州刺史。壬申，敬則致仕。」朱敬則罷知政事時間在長安四年二月。

韋嗣立　長安四年十二月

　　　　《通鑑》卷 207「則天后長安四年十二月（704）」第 6574 頁，「（則天后長安四年）十二月，……丙辰，鳳閣侍郎、同平章事韋嗣立罷為成均祭酒，檢校魏州刺史如故；以兄承慶入相故也。」《唐書》卷 116《韋思謙附韋嗣立傳》，《唐書》卷 61《宰相表》同。又見《舊唐書》卷 88《韋思謙傳》。

開元二年

　　　　《舊唐書》卷 88《韋思謙傳》第 2873 頁，「開元初，入為國子祭酒。先是，中宗遺制睿宗輔政，宗楚客、韋溫等改削槁草，嗣立時在政事府，不能正之。至是為憲司所劾，左遷岳州別駕。」據《舊唐書》卷 92《魏元忠傳》被劾時間在開元二年：「開元二年，……下詔曰：「青州刺史韋安石、太子賓客韋嗣立、刑部尚書趙彥昭等，……嗣立可岳州別駕，彥昭可袁州別駕，並員外置。」又見《唐書》卷 116《韋思謙附韋嗣立傳》。

李重福　長安四年～神龍元年之間

　　　　《舊唐書》卷 86《高宗中宗諸子》第 2835 頁，「長安四年，進封譙王，歷遷國子祭酒、左散騎常侍。神龍初，為韋庶人所譖，云與張易之兄弟潛構成重潤之罪，由是左授濮州員外刺史。」

楊溫玉　則天朝

　　《舊唐書》卷119《楊綰傳》第3429頁，「楊綰，字公權，華州華陰人也。祖溫玉，則天朝為戶部侍郎、國子祭酒。」又見《唐書》卷71《宰相世系表一下》，《舊唐書》卷90《楊再思傳》。

沈伯儀　則天朝

　　《全唐文》卷208《沈伯儀》第2100頁，「伯儀，吳興人。武后時為太子右諭德，歷官祭酒修文館學士。」又見《唐代墓誌彙編》開元536《唐故中散大夫行汾州長史沈府君墓誌銘並序》，《唐書》卷199《沈伯儀傳》。

卷五　唐中宗

武三思　中宗復位初

　　《文苑英華》卷397《中書制誥·孫遜·授武三思鴻臚卿制》第2016頁，「金紫光祿大夫行國子監祭酒武三思，延恩戚里，效職公朝，能勵恭勤，以修名檢。頃在膠序，頗淹星歲，度材而用，舉類而遷，宜增三揖之榮，俾正九賓之禮。可行鴻臚卿，散官如故。」又見《全唐文》卷962《授武三思鴻臚卿制》。按武則天天授元年時武三思已被封為梁王，此處不稱爵位，當是在中宗反正，武三思隨例被降為左散騎常侍之後。故推測武三思任祭酒可能在中宗初。

裴巽　嗣聖年間

　　《唐書》卷71《宰相世系表》第2229頁，「巽，國子祭酒、駙馬都尉、魏國公。」《唐書》卷83《諸帝公主》第3653頁，「宜城公主，始封義安郡主。下嫁裴巽。巽有嬖妹，主恚，刵耳劓鼻，且斷巽髮。帝怒，斥為縣主，巽左遷。久之，復故封。神龍元年，與長寧、新寧、義安、安樂、新平五郡主皆進封。」按義安郡主進封公主時間在神龍元年，任祭酒當在此時。

祝欽明　神龍元年～神龍元年

　　《唐書》卷109《祝欽明傳》第4104頁，「中宗復位，擢國子祭酒、同中書門下三品。進禮部尚書，封魯國公，食實封戶三百。」《全唐詩》卷218《祝欽明》同。又見《通鑒》卷208「中宗神龍元年二月」，《舊唐書》卷7《中宗本紀》等。《唐會要》卷10《親拜郊》第223頁，「垂拱中，武后籍田壇曰先農壇。神龍元年，禮部尚書祝欽

明議曰……」可知由祭酒升為禮部尚書的時間當在神龍元年五月前。又見《唐會要》卷 10《籍田》，卷 12《饗明堂議》，《唐令拾遺·附錄》。

景龍三年？～景雲元年

　　《通鑑》卷 209「中宗景龍三年八月」第 6636 頁，「（中宗景龍三年八月）上將祀南郊，丁酉，國子祭酒祝欽明、國子司業郭山惲建言……」，《舊唐書》卷 189 下《祝欽明傳》，《舊唐書》卷 51《后妃上》，《唐書》卷 109《祝欽明傳》，《唐會要》卷 9 上《雜郊議上》同，又見《唐書》卷 109《祝欽明傳》，《唐書》卷 113《唐臨傳》等。可知在景龍三年八月以前已經為祭酒。《通鑑》卷 209「睿宗景雲元年十二月（710）」第 6660 頁，「（睿宗景雲元年十二月）侍御史薁城倪若水，奏彈國子祭酒祝欽明、司業郭山惲亂常改作，希旨病君；於是左授欽明饒州刺史，山惲括州長史。」又見《唐書》卷 109《祝欽明傳》，《舊唐書》卷 189《祝欽明傳》。

葉靜能　神龍元年～景龍四年（國子祭酒同正）

　　《通鑑》卷 208「中宗神龍元年四月（705）」第 6589 頁，「（中宗神龍元年）夏，四月，墨敕以普思為秘書監，靜能為國子祭酒。」又見《唐會要》卷 67《試及斜濫官》，《唐書》卷 120《桓彥范傳》，《舊唐書》卷 91《桓彥範傳》等。《舊唐書》卷 7《中宗睿宗本紀》第 152 頁，「景龍四年夏六月，中宗崩，……庚子夜，臨淄王諱與太平公主子薛崇簡、前朝邑尉劉幽求、長上果毅麻嗣宗、苑總監鍾紹京等率兵入北軍，誅韋溫、紀處訥、宗楚客、武延秀、馬秦客、葉靜能、趙履溫、楊均等，諸韋、武黨與皆誅之。」又見《通鑑》卷 209「睿宗景雲元年六月」。

史崇恩　神龍二年（國子祭酒同正）

　　《通鑑》卷 208「中宗神龍二年二月（706）」第 6598 頁，「（中宗神龍二年二月）丙申，僧慧範等九人並加五品階，賜爵郡、縣公；道士史崇恩等三人加五品階，除國子祭酒，同正；葉靜能加金紫光祿大夫。」

韋叔夏　神龍三年

　　《唐書》卷 189《儒學下》第 4965 頁，「（神龍）三年，拜國子

祭酒。」又見《唐書》卷 122《韋安石傳》,《冊府元龜》卷 607《學校部・撰集》。

崔挹　神龍初

　　《舊唐書》卷 74《崔仁師傳》第 2622 頁,「神龍初,以子挹為國子祭酒,恩例贈同州刺史。」

於惟謙　神龍三年（景龍元年）～?

　　《舊唐書》卷 7《中宗本紀》第 145 頁,「（中宗神龍三年）九月丁酉,……中書侍郎、東海郡公於惟謙國子祭酒,罷知政事。」《唐書》卷 61《宰相表》,《通鑒》卷 208「中宗景龍元年九月」同。

陸頌　神龍中?～景龍三年

　　《舊唐書》卷 183《外戚傳》第 4744 頁,「（韋）溫,神龍中累遷禮部尚書,封魯國公。弟湑,左羽林將軍,封曹國公。後妹夫陸頌為國子祭酒,……景龍三年,溫遷太子少保、同中書門下三品,仍遙授揚州大都督。溫等既居榮要,薰灼朝野,時人比之武氏。湑及陸頌相次病卒,賵贈甚厚。」又見《唐書》卷 206《外戚傳韋溫》

卷六 唐睿宗

薛崇行　景雲初

　　《舊唐書》卷 183《外戚傳》第 4739 頁,「（太平公主）與玄宗、大臣尊立睿宗。公主頻著大勳,益尊重,乃加實封五千戶,通前滿一萬戶。公主子崇行、崇敏、崇簡三人,封異姓王;崇行國子祭酒,四人九卿三品。」

褚無量　太極元年

　　《舊唐書》卷 21《禮儀志一》第 833 頁,「睿宗太極元年正月,初將有事南郊,……制令宰臣召禮官詳議可否。禮官國子祭酒褚無量、國子司業郭山惲等咸請依（賈）曾所奏。時又將親享北郊,竟寢曾之表。」《唐書》卷 13《禮樂志三》同。

先天二年～開元二年（兼國子祭酒）

　　《全唐文》卷 258《蘇頲・贈禮部尚書褚公神道碑》第 2612 頁,「上正位,遷剡王傅國子祭酒,轉左散騎常侍,特封舒國公,實食二百。……喪既除,驛徵至,仍舊左常侍兼侍讀。」《舊唐書》卷 102《褚無量傳》,《全唐文》卷 294《褚無量》同。又見《唐書》卷 200

《褚無量傳》、《全唐文》卷 20《玄宗皇帝‧封張說褚無量制》。

開元三年～開元八年？（兼國子祭酒）

　　《唐書》卷 200《褚無量傳》第 5688 頁，「（母）喪除，召復故官。」即復為左散騎常侍兼國子祭酒。《全唐文》卷 20《玄宗皇帝‧命張說等與兩省侍臣講讀制》第 23 頁，「宜令銀青光祿大夫守中書令上柱國燕國公張說、銀青光祿大夫右常侍崇文館學士兼國子祭酒上柱國舒國公褚元量等，公務之暇，於中書與兩省侍臣講讀。」說明褚無量在任右常侍時再次兼任國子祭酒，按《舊唐書》卷 8《玄宗本紀》第 175 頁，「（開元三年）冬十月甲寅，制……以光祿卿馬懷素為左散騎常侍，與右散騎常侍褚無量並充侍讀。甲子，幸郿縣之鳳泉湯。」可見即至少在開元三年十月已經為右散騎常侍兼國子祭酒了。

張訥之　景龍中

　　《朝野僉載》卷五第 120 頁，「德州刺史張訥之一白馬，其色如練，父雄為荊州刺史常乘。雄薨，子敬之為考功郎中，改壽州刺史，又乘此馬。敬之薨，弟訥之從給事中、相府司馬改德州刺史，入為國子祭酒，出為常州刺史，至今猶在。計八十餘年，極肥健，行驟腳不散。」知從德州刺史入為祭酒，祭酒之後任常州刺史，其任德州刺史為景龍中（《唐刺史考》第 1341 頁），任常州刺史在景龍末（《唐刺史考》第 1644 頁），因此任祭酒時間當在景龍中。

卷七　唐玄宗

陽嶠　　玄宗初

　　《全唐文》卷 252《蘇頲‧授楊嶠國子祭酒制》第 2542 頁，「黃門：……魏州刺史上柱國北平縣開國子楊嶠，……可國子祭酒，勳封如故，主者施行。」按史料中書省改為黃門的時間在開元元年十二月至開元五年九月之間，而據史料知蘇頲任黃門侍郎的時間在開元初，可見楊嶠任祭酒的時間在開元初。又見《舊唐書》卷 185《陽嶠傳》，又見《大唐新語》卷之三《清廉第六》。（注《全唐文》，《大唐新語》稱楊嶠，兩《唐書》稱陽嶠，但同為一人）

宋璟　　玄宗即位初～開元二年

　　《全唐文》卷 251《蘇頲‧授宋璟御史大夫制》第 2538 頁，「黃

門：……國子祭酒上柱國廣平郡開國公東都留守宋璟，……可禦大
夫，勳封如故，」按兩《唐書》宋璟拜國子祭酒，兼東都留守的時
間在玄宗初即位不久，又《全唐文》卷 343《顏真卿・有唐開府儀同
三司行尚書右丞相上柱國贈太尉廣平文貞公宋公神道碑銘》第 3478
頁，「（宋璟）為國子祭酒東都留守。開元二年，尋拜御史大夫兼京
兆尹」，可知宋璟由祭酒遷御史大夫的時間在開元二年，則其在玄宗
初即位初至開元二年以前任祭酒。

李嶠　　開元十二年

　　　　《唐代墓誌彙編續集》開元 064《大唐故濮恭王妃閻氏墓誌銘並
序》第 498 頁，「妃諱婉，字婉，……洎嫡孫國子祭酒嗣濮王嶠、孝
感天倫，……遷於舊殯，將赴郎鄉。粵以開元十二年歲次甲子六月
二日，祔葬於恭王墓西北隅，遵先志禮也。」《唐書》卷 80《太宗諸
子傳》，《唐書》卷 70《宗室世系上》也記載濮恭王李泰之孫李嶠，
開元中任國子祭酒。

元澹　　開元中

　　　　《全唐文》卷 272《元行沖》第 2758 頁，「行沖名澹，以字顯，
河南人。舉進士，累官太常少卿，開元中為國子祭酒」。又見《舊唐
書》卷 102《元行沖傳》，《通鑒》卷 212「玄宗開元九年十一月」。
其中《通鑒》「（玄宗開元九年）十一月，丙辰，國子祭酒元行衝上
《群書四錄》，凡書四萬八千一百六十九卷。」（《舊唐書》、《唐會要》
記載這件事發生時元行沖的職務有別，分別為右散騎常侍和左散騎
常侍，而非祭酒，存疑。）

司馬貞　　開元七年

　　　　《唐會要》卷 77《論經義》第 1408 頁，「其年（開元七年）四
月七日，左庶子劉子元。上孝經注議曰：『……』。國子祭酒司馬貞
議曰：『今文孝經。是漢河間王所得顏芝本。』」《全唐文》卷 964《上
司馬貞等議孝經老子注易傳奏》同。

徐堅　　開元十一年

　　　　《金石萃編》卷 74《少林寺賜田敕》第 2 頁，「開元十一年廿一
日牒　判官殿中侍御史趙冬曦用秘書行從印　副使國子祭酒徐堅。」
《唐會要》卷 12《廟制度》同。又見《文苑英華》卷 893《碑》。

楊瑒　　開元十六年、十七年～？

　　　　　　《舊唐書》卷 185《楊瑒傳》第 4820 頁，「(開元)十六年，(楊瑒)遷國子祭酒」。《唐會要》卷 75《明經》同。開元十七年仍然為祭酒，有史料《唐會要》卷 75《帖經條例》第 1373 頁，「(開元)十七年三月。國子祭酒楊瑒上言曰：『……』。」，《通鑒》卷 213「玄宗開元十七年三月 (729)」可證。又見《全唐文》卷 298《楊瑒》，《唐書》卷 130《楊瑒傳》，《唐書》卷 196《白履忠傳》。

李訥　　開元十七年前兩次擔任祭酒 (曾任員外祭酒)

　　　　　　《全唐文補遺》第三輯《皇堂叔祖故國子祭酒嗣韓王 (李訥)誌文並序》第 61 頁，「以王器識淳和，風儀閑雅，師氏之訓，人范允歸，遷國子祭酒。屬家人抵憲，有司聞天。寵辱相驚，仁義莫救，坐貶太子少詹事。堅貞自資，操行不易。上廣崇儒教，大啟國庠。俾敷厥圖，爰念舊政。又拜國子祭酒。……以開元十七年十一月七日，薨於長安布政里之私宮也。」《唐代墓誌彙編續集》開元 093《國皇叔祖□□□祭酒嗣韓王誌文並序》同。

張說　　開元二十五年

　　　　　　《唐大詔令集》卷 67《命宰臣等分祭郊廟社稷敕》第 377 頁，「敕：……宜令兵部尚書兼中書令晉國公李林甫、工部尚書同中書門下三品　國公牛仙客即分祭郊廟社稷，尚書左丞相裴耀卿祭中嶽，禮部尚書杜暹祭東嶽，御史大夫李适之祭西嶽，太子賓客王邱祭北嶽，國子祭酒張說祭南嶽。……開元二十五年十月」。又見《全唐文》卷 35《遣祭郊廟山川敕》，《文苑英華》卷 775《遣祭郊廟山川敕》。

徐欽憲　　開元中

　　　　　　《唐書》卷 93《李勣傳》第 3824 頁，「(李勣)子欽憲，開元中，仕至國子祭酒。」

張浣　　開元中

　　　　　　《舊唐書》卷 68《張公謹傳》第 2508 頁，「(張)大安子浣，開元中為國子祭酒。」

李道堅　　玄宗開元時

　　　　　　《舊唐書》卷 64《高祖二十二子》第 2434 頁，「景龍四年，加

銀青光祿大夫，歷果、隴、吉、冀、洺、汾、滄等七州刺史，國子祭酒。開元二十二年，兼檢校魏州刺史，未行，改汴州刺史、河南道採訪使。」又見《唐書》卷79《高祖諸子傳》。可見國子祭酒之後，即改任汴州刺史，時間在開元二十二年，因此推測其任祭酒的時間在開元二十二年之前。

武忠　開元中

《舊唐書》卷 51《后妃傳上》第 2177 頁，「玄宗貞順皇后武氏，……及王庶人廢後，特賜號為惠妃，宮中禮秩，一同皇后。所生母楊氏，封為鄭國夫人。同母弟忠，累遷國子祭酒……惠妃以開元二十五年十二月薨」。惠妃得寵於王庶人被廢之後，即開元十二年後，可推知武忠被封祭酒時間當在開元十二年後至開元二十五年之間這段時間。又見《唐書》卷 76《后妃傳上》。

劉瑗　開元二十八年

《唐會要》卷 35《釋奠》第 642 頁，「二十八年二月五日敕：文宣王廟，春秋釋奠。宜令三公行禮，著之常式。二十日，國子祭酒劉瑗奏……」。《通志》卷 43《禮志二》同。《全唐文》卷 309《孫逖·授劉瑗等國子祭酒制》第 3137 頁，按此制為孫逖任中書舍人時所做，按孫逖任中書舍人在開元二十四年（按《唐尚書省郎官石柱題名考》第 502 頁《考功員外郎》），「尤精密，張九齡視其草，欲易一字，卒不能也。居職八年，判刑部侍郎。」（《新唐書·孫逖傳》）其任祭酒從開元二十四年至天寶三載，撰寫李仲思任祭酒的制敕也在此間。又見《唐代墓誌彙編（下）》建中 010《鴻臚少卿陽濟故夫人彭城縣君劉氏墓誌銘並序》，《全唐文補遺》第四輯《樊係·鴻臚少卿陽濟故夫人彭城縣君劉氏墓誌銘（並序）》，《唐書》卷 71《宰相世系表》，《文苑英華》卷 400《中書制誥·授劉瑗等國子祭酒等制》。

李仲思　開元年間

《全唐文》卷 309《孫逖·授程伯獻光祿大夫太子詹事李仲思光祿大夫國子祭酒制》3140 頁，按此制為孫逖任中書舍人時所做，按孫逖任中書舍人在開元二十四年（按《唐尚書省郎官石柱題名考》第 502 頁《考功員外郎》），「尤精密，張九齡視其草，欲易一字，卒不能也。居職八年，判刑部侍郎。」（《新唐書·孫逖傳》）其任祭酒

從開元二十四年至天寶三載，撰寫李仲思任祭酒的制敕也在此間。

李齊古　天寶四載

《金石萃編》卷 87《石臺孝經・孝經序》第 1 頁，「御製序並注及書　天寶四載九月一日銀青光祿大夫國子祭酒上柱國臣李齊古上奏」。又見《全唐文》卷 377《李齊古》。

趙冬曦　天寶九載

《唐書》卷 200《趙冬曦傳》第 5703 頁，「冬曦俄遷中書舍人內供奉，以國子祭酒卒。」按吳鋼主編《全唐文補遺》第四輯《唐故國子祭酒趙君（冬曦）壙》記載，趙冬曦死於天寶九載二月。又見《全唐詩》225《趙冬曦》，《全唐文》卷 296《趙冬曦》。

班景倩　天寶十載

《舊唐書》卷 24《禮儀志》第 934 頁，「（天寶）十載正月，四海並封為王。遣……國子祭酒班景倩祭西嶽金天王。」又見《封氏聞見記》卷五《頌德》，《唐書》卷一百四十九《班宏傳》。

李祗　天寶十載

《舊唐書》卷 24《禮儀志》第 934 頁，「（天寶）十載正月，四海並封王，遣國子祭酒嗣吳王祗祭東嶽天齊王，太子家令嗣魯王宇祭南嶽司天王，秘書監崔秀祭中嶽中天王，國子祭酒班景倩祭西嶽金天王……」又見《舊唐書・玄宗本紀》、《唐會要》卷 22《嶽瀆》。

李麟　天寶十一載～天寶十五載

《舊唐書》卷 112《李麟傳》第 3339 頁，「（天寶）十一載，遷銀青光祿大夫、國子祭酒。十四年七月，以本官出為河東太守、河東道採訪使，為政清簡，民吏稱之。其年冬，祿山構逆，朝廷以麟儒者，恐非禦侮之用，仍以將軍呂崇賁代還。復以祭酒歸朝，賜爵渭源縣男。六月，玄宗幸蜀，麟奔赴行在。既至成都，拜戶部侍郎，兼左丞。」《登科記考》卷九「天寶十載」第 323 頁，記載其天寶十一載任祭酒。又見《唐書》卷 142《李麟傳》，《全唐文》卷 33《遣官祭元冥風伯雨師詔》。

李偕　天寶中（國子祭酒同正員）

《舊唐書》卷 107《玄宗諸子》第 3262 頁，「靖恭太子琬，玄宗第六子也，初名嗣玄。開元二年三月，封為甄王……琬諸子尤繁衍，

男女五十八人。天寶中封為郡王者二：俯為濟陰王、太僕卿同正員，偕為北平王、國子祭酒同正員。」

李健　天寶中

《舊唐書》卷 107《玄宗諸子》第 3263 頁，「天寶中（儀王李璲）有子封王者二人：伖為鍾陵郡王、光祿卿同正員，健為廣陵王、國子祭酒同正員。」

卷八　唐肅宗

劉秩　至德中～乾元元年

《唐書》卷 132《劉子玄傳》第 3174 頁，「（劉秩）至德初，遷給事中。久之，出為閬州刺史。」《全唐詩補編》《全唐詩續補遺卷三·句》同。按《通鑒》卷 220「肅宗乾元元年」條，劉秩由祭酒出為閬州刺史的時間在乾元元年六月，在成為給事中到出為閬州刺史，其間歷官尚書右丞、國子祭酒，可推知其任祭酒當在至德中至乾元元年六月這段時間中。又見《全唐文》卷 42《肅宗皇帝·貶房琯劉秩嚴武詔》，《全唐文》卷 520《梁肅·給事中劉公墓誌銘》，《唐書》卷 71《宰相世系表》，《舊唐書》卷 102《劉子玄傳》。

于休烈　乾元二年～寶應元年前

《舊唐書》卷 149《于休烈傳》第 4008 頁，「宰相李揆矜能忌賢，以休烈修國史與己齊列，嫉之，奏為國子祭酒，權留史館修撰以下之。……代宗即位，甄別名品，宰臣元載稱之，乃拜右散騎常侍」。《唐書》卷 104《于志寧傳》同。據《舊唐書·肅宗本紀》、《舊唐書·李揆傳》可知李揆任宰相修國史的時間在乾元二年，即于休烈被奏為祭酒的時間在乾元二年。直至代宗即位才改為右散騎常侍。又見《全唐文》卷 365《于休烈》。

徐浩　肅宗時

《舊唐書》卷 137《徐浩傳》第 3759～3760 頁：「肅宗悅其能，加兼尚書右丞……除國子祭酒，坐事貶廬州長史。代宗徵拜中書舍人、集賢殿學士」。又見《全唐文》卷 440《徐浩》、卷 445《張式·大唐故銀青光祿大夫彭王傅上柱國會稽郡開國公贈太子少師東海徐公神道碑銘》，《唐書》卷 160《徐浩傳》，《全唐詩》卷 500《徐浩》。

王縉　　　至德三載～乾元二年

　　　　　《舊唐書》卷 118《王縉傳》第 3416 頁，「祿山之亂，選為太原少尹，與李光弼同守太原，功效謀略，眾所推先，加憲部侍郎，兼本官。時兄維陷賊，受偽署，賊平，維付吏議，縉請以己官贖維之罪，特為減等。縉尋入拜國子祭酒，改鳳翔尹、秦隴州防禦使，歷工部侍郎、左散騎常侍。」按賊平之後，處理偽官在至德二載十二月以後，因此王縉為贖兄之罪，減等拜為國子祭酒在此時，約至德三載。改鳳翔尹在乾元二年（《唐刺史考》第 143 頁），因此其任期約在至德三載至乾元二年這一段。

李傑　　　肅宗時

　　　　　《唐書》卷 82《十一宗諸子》第 3613 頁，「（壽王李琩）子王者三人，優王德陽郡，怀濟陽郡，偃廣陽郡，伉薛國公，傑國子祭酒。」又見《唐書》卷 70《宰相世系下》。

李伶　　　元年

　　　　　《全唐文補遺》第七輯《大唐故永王第二男（伶）新婦河東郡夫人墓誌銘並序》第 61 頁，李伶夫人死於肅宗元年，此墓誌記載當時李伶任祭酒。又見《唐書》卷 82《十一宗諸子》，又見《唐書》卷 70《宰相世系下》。

李儀　　　肅宗時

　　　　　《唐書》卷 82《十一宗諸子》第 3612 頁，「（永王李璘）子儹為餘姚王，偵莒國公，儇鄜國公，伶、儀並國子祭酒。」，又見《唐書》卷 70《宰相世系下》。李璘死後，其子被封為王是在肅宗即位後。

李俠　　　肅宗時

　　　　　《唐書》卷 82《十一宗諸子》第 3608 頁，「（棣王李）琰凡五十五子，得王者四人，儧王汝南郡，僑宜都，俊濟南，侒順化；僚太僕卿，俠國子祭酒……」，又見《唐書》卷七十下《宰相世系下》。

卷九　唐代宗

劉晏　　　寶應元年～寶應二年

　　　　　《唐書》卷 149《劉晏傳》第 4794 頁，「代宗立，復為京兆尹、戶部侍郎，領度支、鹽鐵、轉運、鑄錢、租庸使。晏以戶部讓顏真卿，改國子祭酒。」《舊唐書》卷 49《食貨志》同，並記載了具體時

間，「寶應元年五月，……遂以通州刺史劉晏為戶部侍郎、京兆尹、度支鹽鐵轉運使。……二年，拜吏部尚書、同平章事，依前充使。」按劉晏讓戶部侍郎、顏真卿任戶部侍郎的時間在寶應元年，此後直到被任命為吏部尚書之前，劉晏一直擔任祭酒。見《舊唐書》卷 11《代宗本紀》，《全唐文》卷 46《代宗皇帝·授劉晏吏部尚書平章事制》。

蕭昕　寶應二年～永泰二年

　　　　《唐書》卷 159《蕭昕傳》第 4951 頁，「代宗狩陝，昕由武關從帝，擢國子祭酒。」《舊唐書·蕭昕傳》，《全唐文》卷 354《蕭昕》同。代宗狩陝時間在寶應二年十月，蕭昕被任命為祭酒的時間當在此後不久。一直到永泰二年八月一直擔任祭酒，見《通鑑》卷 222「代宗廣德元年正月」、卷 224「代宗永泰元年十二月」，《舊唐書》卷 24《禮儀志四》，《唐會要》卷 36《修撰》，《唐書》卷 15《禮樂志》。八月宦官魚朝恩被任命為判國子監事，估計蕭昕被改為他官。

歸崇敬　大曆五年？

　　　　《冊府元龜》卷 604《學校部·奏議三》第 7251～7252 頁，「歸崇敬為國子祭酒兼集賢學士，代宗大曆五年，皇太子欲以仲秋之月於國學行齒胄之禮，崇敬以國學及官名不稱，請改國學之制兼更其名。」由於兩《唐書》本傳均無任祭酒的記載，且無其他材料佐證，此條待考。

楊綰　大曆五年～大曆六年

　　　　《通鑑》卷 224「代宗大曆五年三月」第 7214 頁，「（大曆五年三月）辛卯，（元）載以綰為國子祭酒。」又見《唐書》卷 142《楊綰傳》，《舊唐書》卷 119《楊綰傳》，《全唐文》卷 412《常袞·授楊綰太常卿制》。此後至遷為太常卿之前一直擔任祭酒，按史料記載早在大曆七年正月前楊綰已經是太常卿，因此推知楊綰任祭酒結束的時間可能在大曆六年。

喬琳　？～大曆十二年

　　　　《舊唐書》卷 127《喬琳傳》第 3576 頁，「（喬琳）為劍南東川節度鮮于叔明判官。改檢校駕部郎中、果綿遂三州刺史、兼御史中丞。入為大理少卿、國子祭酒。出為懷州刺史。」《全唐詩》卷 437

《喬琳》，《全唐文》卷 356《喬琳》同。按喬琳任祭酒在為大理少卿之後、出為懷州刺史之前，其任大理少卿具體時間不可考，但約在大曆十年左右，出為懷州刺史約在大曆十二年（《唐刺史考》第 582頁），因此其任祭酒在大曆十二年前。

卷十　唐德宗

李揆　　大曆十四年六月～建中四年秋七月

　　　　《舊唐書》卷 12《德宗本紀》第 322、336 頁，「（大曆十四年六月）壬戌，處州刺史王繟、湖州刺史第五琦皆為太子賓客，睦州刺史李揆為國子祭酒，並留司東都。……（建中四年）秋七月甲申，以國子祭酒李揆為禮部侍郎，復其爵。」又見《舊唐書》卷 126《李揆傳》，《唐書》卷 150《李揆傳》，《全唐詩補編》之《全唐詩補逸卷五·句》。

鮑防　　建中時

　　　　《大唐傳載》第 17 頁，「常相袞為禮部判雜文，榜後云：『旭日登場，思非不銳；通宵絕筆，恨即有餘。』以雜文入選者，常不過百人。鮑祭酒防為禮部，帖經落人亦甚。時謂之『常雜鮑帖』。」由史料記載可知為鮑防任禮部侍郎以前為祭酒，祭酒由福建觀察使升遷而來，按《唐刺史考》第 1987 頁，鮑防任福州刺史時間在建中元年～建中三年，而興元元年已經任禮部侍郎，因此任祭酒時間當在建中三年至四年間。

董晉　　建中四年～貞元元年

　　　　《舊唐書》卷 145《董晉傳》第 3935 頁，「朱泚僭逆於京師，使凶黨仇敬、何望之侵逼華州，晉奔遁赴行在，授國子祭酒，尋令往恆州宣慰。從車駕還京師，遷左金吾衛大將軍」。《唐書》卷 151《董晉傳》同。朱泚僭逆時間在建中四年，董晉授祭酒始於建中四年。見《通鑑》卷 229「德宗建中四年十一月」，《韓昌黎文集校注》卷 8《故金紫光祿大夫檢校尚書左僕射同中書門下平章事兼汴州刺史充宣武軍節度副大使知節度事管內支度營田汴宋亳潁等州觀察處置等使上柱國隴西郡開國公贈太傅董公行狀》。此後擔任祭酒直到升任為左金吾衛大將軍，時間在貞元元年。見《舊唐書》卷 12《德宗本紀》，《唐書》卷 211《藩鎮鎮冀傳》。

包佶　　貞元元年～貞元五年

　　　　　《舊唐書》卷 12《德宗本紀》第 349、352 頁,「(貞元元年)三
　　　　月丙申朔,以蜀州刺史韓洄為兵部侍郎,以汴東水陸運等使、左庶
　　　　子包佶為刑部侍郎。……(貞元二年正月)丁未,以禮部侍郎鮑防
　　　　為京兆尹,京兆尹韓洄為刑部侍郎,國子祭酒包佶知禮部貢舉。」
　　　　可見在貞元元年已經為祭酒。其後一直到貞元五年一直為祭酒,見
　　　　《唐會要》卷 22《社稷》第 425 頁,「貞元五年九月十二日,國子祭
　　　　酒包佶奏:『……』。」《唐書》卷 14《禮樂志四》,《唐會要》卷 20
　　　　《公卿巡陵》、卷 10 上《后土》,《太平廣記》卷 341《李俊》,《登科
　　　　記考》卷 12「貞元二至三年」。又見《唐代墓誌彙編》大和 001《國
　　　　子祭酒致仕包府君墓誌銘並序》,《全唐文補遺》第一輯《國子祭酒
　　　　致仕包府君(陳)墓誌銘》,《千唐誌齋藏誌》1033《國子祭酒致仕
　　　　包府君(陳)墓誌銘並序》等。

李淑　　貞元四年(祭酒員外同正員?)

　　　　　《唐會要》卷 46《封建》第 821 頁,「(貞元)四年四月,封皇
　　　　第七子諒為邕王,仍拜開府儀同三司。皇太子長子淳開府儀同三
　　　　司,封廣陵郡王。二子溰為建康郡王。……八子淑國子祭酒,高平
　　　　郡王。」

韓洄　　貞元七年～貞元十年

　　　　　《舊唐書》卷 129《韓滉傳》第 3606 頁,「貞元七年十一月,為
　　　　國子祭酒。」《柳宗元集》外集卷下《表啟》注釋同。直至貞元十年
　　　　終於祭酒,見《全唐文》卷 507《權德輿‧太中大夫守國子祭酒潁川
　　　　縣開國男賜紫金魚袋贈戶部尚書韓公行狀》,《全唐文》卷 442《韓
　　　　洄》,《唐書》卷 126《韓休傳》。

趙昌　　貞元十八年～貞元二十年

　　　　　《舊唐書》卷 151《趙昌傳》第 4063 頁,「貞元七年,(趙昌)
　　　　為虔州刺史。屬安南都護為夷獠所逐,拜安南都護,夷人率化。十
　　　　年,因屋壞傷脛,懇疏乞還,以檢校兵部郎中裴泰代之,入拜國子
　　　　祭酒。及泰為首領所逐,德宗詔昌問狀。昌時年七十二,而精健如
　　　　少年者,德宗奇之,覆命為都護,南人相賀。」始任安南都護在貞
　　　　元七年,經十年於貞元十八年被裴泰取代,見《舊唐書》卷 13《德

宗本紀》。趙昌復任安南都護的時間在貞元二十年，見《舊唐書》卷
13《德宗本紀》。又見《全唐文》卷 514《趙昌》。

鄭令璀　德宗時？

　　　　《全唐文》卷 785《舒州刺史鄭公墓誌銘》第 8209 頁，「有唐循
吏故舒州刺史滎陽鄭府君諱甫字某，享年五十有四，歷官一十有二。
以貞元六年冬十月辛丑，卒於東都崇讓里第。……考令璀，銀青光
祿大夫國子祭酒。……（鄭甫）後遷舒州刺史，而歷陽之績，累載
之美，布於下車之初。乃至訟不煩於聽，令不費於言。賦調事理，
吏勸人逸。初祭酒府君殞於鎬，惟王事世故，泊龜筮之不迭，未遑
還葬。至是累疏陳乞，優詔曰俞。解印遄歸，遘癘於道。」鄭甫死
於貞元六年，奉父還葬東都之際，父已死有年，源於王事世故，泊
龜筮之不迭，一直未曾歸葬，推知其死亡時間當不應超過十年，即
可能在德宗之際。又見《唐書》卷 75 上《宰相世系表》。

鄭伸　貞元時

　　　　《長安志》卷第七第 103 頁：「國子祭酒鄭伸宅（貞元時
人）。」

李約　德宗時

　　　　《舊唐書》卷 150《德宗順宗諸子傳》第 4048 頁，「邵王約，本
名潊，順宗第八子。初授國子祭酒，封高平郡王，貞元二十一年進
封。」可知初授國子祭酒，封高平郡王的時間在德宗時。

卷十一　唐順宗

馮伉　永貞元年～元和元年？～元和四年

　　　　《舊唐書》卷 189《儒學下》第 4979 頁，「順宗即位，拜尚書
兵部侍郎。改國子祭酒，為同三州刺史。入拜左散騎常侍，復領太
學。」《唐書》卷 161《馮伉傳》第 4986 頁，也記載「領國子祭酒
者再」，《全唐詩》卷 783《馮伉》同。均說明馮伉曾前後兩次任祭
酒。第一次是在順宗即位之後即永貞元年至元和元年之間，見《唐
會要》卷 66《國子監》。第二次是在元和四年之前，見《舊唐書》
卷 14《憲宗本紀》第 427 頁，「（元和四年四月）夏四月丙子朔。戊
寅，國子祭酒馮伉卒。」

卷十二 唐憲宗

鄭餘慶　元和元年九月～元和元年十一月

《舊唐書》卷 13《德宗本紀》第 418、419 頁,「(元和元年)九月辛卯朔。癸卯,詔自今後兩省官每坐日一人對。丙午,以太子賓客鄭餘慶為國子祭酒。……(十一月)庚戌,以吏部侍郎趙宗儒為東都留守、東畿汝防禦使,以國子祭酒鄭餘慶為河南尹。」又見《舊唐書》卷 158《鄭餘慶傳》,《韓昌黎文集校注》卷 4《送鄭十校理序》、《上鄭尚書相公啟》注釋,《唐書》卷 165《鄭餘慶傳》。

元和十四年(兼判國子祭酒事)

《舊唐書》卷 158《鄭餘慶傳》第 4163～4166 頁,「(元和)十四年,(鄭餘慶)兼太子少師、檢校司空,封滎陽郡公,兼判國子祭酒事。以太學荒毀日久,生徒不振,奏率文官俸給修兩京國子監。」《舊唐書》卷 15《憲宗本紀》同。又見《唐書》卷 165《鄭餘慶傳》。(《唐會要》卷 66《國子監》記載此事時間為元和十三年,此不取。)。

李元素　元和三年

《舊唐書》卷 132《李元素傳》第 3658 頁,「李錡為亂江南,遂授元素浙西道節度觀察處置等使。數月受代,入拜國子祭酒,尋遷太常卿,轉戶部尚書、判度支。」《唐書》卷 147《李元素傳》同。按李錡反在元和二年十月,之後李元素接任浙西道節度觀察處置等使,數月後也就是元和三年李元素入拜祭酒,後不久即遷太常卿,轉戶部尚書,元和五年卒,因此推知其任祭酒當在元和三年內。

劉宗經　元和四年

《全唐文》卷 63《憲宗皇帝·贈高崇文司徒冊文》第 670 頁,「元和四年,歲次己丑,十月癸酉朔十三日乙酉,皇帝若曰……命國子祭酒劉宗經、副使司勳郎中李直方、持節冊贈爾為司徒。」又見《唐書》卷 71《宰相世系表》。

裴佶　元和八年前

《唐書》卷 127《裴耀卿傳》第 4455 頁,「時李巽以兵部尚書領鹽鐵,將遷使局就本曹,經構已半,會(裴)佶至,以為不可。巽雖怙恩而強,猶撤之,時重其有守。改吏部侍郎,以疾為國子祭酒、工部尚書。」按《舊唐書》卷 15《憲宗本紀》裴佶反對李巽以兵部

尚書領鹽鐵事在元和二年，裴佶以工部尚書卒於元和八年，任祭酒
當在此前不久。

楊寧　　元和九年～元和十年

　　　　《全唐文補遺》第一輯《唐故朝散大夫守國子祭酒致仕上騎都
尉賜紫金魚袋贈右散騎常侍楊府君（寧）墓誌銘並序》第 250 頁，「有
唐建元元和乃歲丁酉四月孟夏其日乙卯，大司成楊公得謝之二
年，……尋轉國子祭酒。……居一年，以疾請老，優詔致仕。」此
處記載楊寧死亡的時間是在元和十二年，是在其謝職兩年之後，可
推知致仕可能是元和十年，而任祭酒的時間為一年，則始任時間當
在元和九年。《唐代墓誌彙編》、《千唐誌齋藏誌》同。又見《唐代墓
誌彙編》乾符 011《唐故朝議大夫前鳳翔節度副使檢校兵部郎中兼御
使中丞上柱國賜紫金魚袋弘農楊府君墓誌銘並序》等。

孔戣　　元和九年之後～元和十二年

　　　　《舊唐書》卷 154《孔巢父傳》第 4098 頁，「九年，……尋出為
華州刺史、潼關防禦等使。入為大理卿，改國子祭酒。十二年，嶺
南節度使崔詠卒，三軍請帥，……或曰祭酒孔戣嘗論此事，度徵疏
進之。即日授廣州刺史，兼御史大夫、嶺南節度使。」《通鑒》卷 204
「元和十二年七月」，《舊唐書》卷 15《憲宗本紀》，《韓昌黎文集校
注》卷 7《唐正議大夫尚書左丞孔公墓誌銘》，《全唐文》卷 563《韓
愈‧正議大夫尚書左丞孔公墓誌銘》等同。由於入為大理卿的時間
在元和九年，被任命為祭酒的時間在此之後，故而推斷在元和九年
之後。

李遜　　元和十三年～元和十四年

　　　　《舊唐書》卷 155《李遜傳》第 4124 頁，「十三年，李師道效順，
命遜為左散騎常侍，馳赴東平諭之。師道得詔意動，即請效順，旋
為其下所惑而止。遜還，未幾，除京兆尹，改國子祭酒。十四年，
拜許州刺史，充忠武節度、陳許澵蔡等州觀察處置等使。」《舊唐書》
卷 15《憲宗本紀下》同。又見《唐書》卷 163《李遜傳》，《文苑英
華》卷 962《處士侯君墓誌》。

馬惣　　元和十四年前

　　　　《文苑英華》卷 881《馬公家廟碑》第 4644 頁，「以國子祭酒觀

察於桂以徃升御史大夫師於百越……尋副丞相晉公討淮西。」按晉公討淮西時間在元和十四年，因此任祭酒時間在此前。

韓愈　　元和十三年

　　　　《金石萃編》卷 108《處州孔子廟碑》第 6 頁，「朝散大夫守國子祭酒賜紫金魚袋韓愈撰　舊碑題元和十三年」

　　　　元和十五年～長慶元年

　　　　《舊唐書》卷 16《穆宗本紀》第 481、490 頁，「（穆宗元和十五年九月）辛酉，宴李光顏、李愬於麟德殿，頒賜優厚。以袁州刺史韓愈為朝散大夫、守國子祭酒，復賜金紫。……（長慶元年七月）庚申，以昭義軍節度使劉悟檢校司空，兼幽州大都督府長史，充幽州盧龍軍節度副大使、知節度事。以國子祭酒韓愈為兵部侍郎。」《舊唐書》卷 160《韓愈傳》，《唐會要》卷 18《緣廟裁制下》，《通鑒》卷 241「憲宗元和十五年十二月」，《韓昌黎文集校注》卷 5《祭柳子厚文》。又見《唐書》卷 176《韓愈傳》，《唐才子傳》卷 5《韓愈》，《全唐詩》卷 795《韓愈》，《全唐文》730《路群・劾韓愈齋宿違例奏》。

竇牟　　元和末

　　　　《舊唐書》卷 155《竇群傳》第 4122 頁，「（竇牟）入為都官郎中，出為澤州刺史，入為國子祭酒。長慶二年卒，時年七十四。」《全唐文》卷 761《褚藏言・竇牟傳》同。見《唐刺史考》第 1109 頁，考證竇牟任澤州刺史時間當在元和後期，因為任祭酒的時間在此後，即元和末。

卷十三 唐穆宗

竇常　　長慶初

　　　　《全唐文》卷 761《竇常傳》第 7909 頁，「元和六年，（竇常）繇侍御史入為水部員外郎，亦既二歲，婚嫁未畢，求牧守之官，出為朗州刺史，轉固陵、潯陽、臨川三郡。既罷秩，東歸舊業。時宰嘉招，固辭衰疾。因除國子祭酒致仕。寶曆元年秋，寢疾告終於廣陵之白沙別業，卒時年七十。」兩《唐書》本傳，《唐才子傳》卷 4《竇常》，《全唐詩》卷 591《竇常》略同。可知任祭酒之前的官職是臨川郡刺史，由《唐刺史考》第 2015 頁分析其任臨川郡（即撫州）

刺史終止的時間是在長慶初，因此祭酒開始的時間當在長慶初。

皇甫鏞　長慶初

　　　　《舊唐書》卷 135《皇甫鏞傳》第 3743 頁，「及（皇甫）鎛獲罪，朝廷素知（皇甫）鏞有先見之明，不之罪，徵為國子祭酒，改太子賓客、秘書監。」《唐書》卷 167《皇甫鏞傳》，《全唐文》卷 679《白居易・唐銀青光祿大夫太子少保安定皇甫公墓誌銘並序》略同。按皇甫鏞之兄皇甫鎛獲罪在長慶初，故而徵皇甫鏞為祭酒在此後。其中白居易所撰墓誌同時指出「徵拜國子祭酒，未幾謝疾，改太子賓客」，此後時間不長即以疾改太子賓客。

韋乾慶　長慶二年～長慶三年

　　　　《唐會要》卷 66《國子監》第 1160～1161 頁：「長慶二年閏十月，國子祭酒韋乾慶奏：「當監四館學生，每年有及第闕員，其四方有請補學生人，並不曾先於監司陳狀，便自投名禮部，計會補署。」《登科記考》卷 19「長慶二年」，《冊府元龜》卷 604《學校部・奏議三》同。（但以上史料均稱韋乾度，疑「度」為「慶」之誤）《舊唐書》卷 16《穆宗本紀》第 503 頁，「（穆宗長慶三年）七月，國子祭酒韋乾慶卒。」兩《唐書》無傳。

王仲周　長慶二年之後

　　　　《唐代墓誌彙編續集》景福 001《唐鄭州原武縣令京兆王公墓誌銘並序》第 1157 頁，「仲周，進士及第，任利、明、臺三州刺史，國子祭酒、□□州刺史」。《全唐文補遺》第三輯《唐鄭州原武縣令京兆王公墓誌銘（並序）》同。據《舊唐書》卷 16《穆宗本紀》第 495 頁，「（長慶二年二月）右庶子王仲周以奉使緩命，貶台州刺史。」任台州刺史的時間在長慶二年，因此任祭酒定在長慶二年之後。

楊巨源　約長慶二年～四年之間

　　　　《唐才子傳校注》卷 5《楊巨源》第 147 頁，「巨源，字景山，蒲中人。貞元五年劉太真下第二人及第。初為張弘靖從事，拜虞部員外郎，後遷太常博士、國子祭酒。大和中，為河中少尹，入拜禮部郎中。」《全唐五代詞》卷 5《唐五代作品 244 首・楊巨源》：「穆宗長慶初，任國子司業。長慶四年，為河中少尹。」可見在任太常博士之後又曾經遷司業之職，任祭酒的時間在為司業之後、河中少

尹之前，可能為長慶二年至四年之間。

卷十四 唐敬宗

衛中行　寶曆二年

　　《舊唐書》卷 17《敬宗本紀》第 518 頁，「（敬宗寶曆二年正月）
甲午，以衛尉卿劉遵古為湖南觀察使，以國子祭酒衛中行為福建觀
察使。」《全唐詩補編》《全唐詩續拾卷二十四・見杭州烏窠和尚後
作》略同。

卷十五 唐文宗

包陳　　大和之前

　　《唐代墓誌彙編》大和 001《國子祭酒致仕包府君墓誌銘並序》
第 2102 頁，「授（包陳）雅州刺史、本州經略使、福王府長史、□
王傅、國子祭酒致仕。年五十七，終於西京升平里第。……以大和
二年二月十六日，葬於東都河南縣平樂鄉杜翟村之北原。」《全唐文
補遺》第一輯《國子祭酒致仕包府君（陳）墓誌銘》、《千唐誌齋藏
誌》1033《國子祭酒致仕包府君（陳）墓誌銘並序》同。由於死時
年僅 57 歲，可知死亡時間當在致仕後不久，以國子祭酒致仕的時間
當在大和二年前不久。

王潔　　大和二年

　　《文苑英華》卷 881《代郡開國公王涯家廟碑》第 4646～4647
頁。「（長慶三年）公時鎮劍南東川，上章曰：『臣涯，官秩印綬品俱
第三，請如式以奉宗廟。』制曰：『可』。是歲仲冬，申命長男孟堅
祔其主於三室。明年，公入為御使大夫，……就拜司空，禮崇異數，
廟加常祀。大和二年，增新室既成，祔顯考於宗位，告享……有自
云爾生三子，皆聰明絕人。長曰沼，以神童仕至檢校禮部郎中；次
曰潔，以奇文仕至國子祭酒；今代郡公實季子也。」可知此文做於
大和二年，王涯家廟家廟增室之時，時次子王潔官國子祭酒。（按兩
《唐書》王涯確實有三子，但名為孟堅、仲翔、季琰。推測沼、潔
等為名，孟堅、仲翔等為字。）

裴通　　大和五年

　　《唐會要》卷 66《國子監》第 1161 頁，「（大和五年）十二月，

國子祭酒裴通奏：『當司所授丞、簿，及諸館博士、助教、直講等，謹按《六典》云：丞，掌判監事。凡六學生每歲月業成上於監者，以其業與司業、祭酒試之。明經帖經，口試策經義。……』」《冊府元龜》卷 604《學校部．奏議三》，《登科記考》卷 21「大和五至六年」同。又見《全唐文》卷 729《裴通》。

齊皞　大和七年

《登科記考》卷 21「太和七年」第 758 頁，「（大和七年）十二月，敕於國子監講論堂兩廊創立石壁九經，……時祭酒皞實尸之，博士公肅實佐之。」

高重　？～大和九年

《舊唐書》卷 17《文宗本紀》第 559 頁，「（文宗大和九年七月）辛酉，以鄂岳觀察使崔鄲充浙西觀察使，以國子祭酒高重為鄂岳觀察使。」

鄭覃　大和九年～開成三年（判國子祭酒）

《舊唐書》卷 17《文宗本紀》第 562、576 頁，「（文宗大和九年十一月）乙酉，左金吾衛大將軍崔鄯卒。癸丑，以左僕射令狐楚判太常卿事，右僕射鄭覃判國子祭酒事……（開成三年十二月）丙午，守太子太師、尚書右僕射、門下侍郎、國子祭酒、同平章事鄭覃罷太子太師，仍三五日入中書。」又見《舊唐書》卷 173《鄭覃傳》。

周璵　大和中

《唐代墓誌彙編續集》大中 056《唐故平州刺使盧龍節度留後周府君墓誌銘並序》第 1009 頁，「大和初，詔討浮陽公。屢齎勝捷，兼奏其軍營進退之度。前後八度受賜，皆御服、繒綿、玉帶、金厄；四改官，至侍御史、國子祭酒、蘭陵郡王。」《全唐文補遺》第三輯《唐故平州刺使盧龍節度留後周府君墓誌銘（璵）並序》同。

楊敬之　開成三年～？

《唐書》卷 160《楊敬之傳》第 4972 頁，「文宗尚儒術，以宰相鄭覃兼國子祭酒，俄以敬之代。未幾，兼太常少卿。是日，二子戎、戴登科，時號「楊家三喜」。轉大理卿，檢校工部尚書，兼祭酒，卒。」又見《全唐文》卷 721《楊敬之》，《全唐詩》卷 955《楊敬之》。楊

敬之代鄭覃為祭酒的時間在開成三年，卒時任官檢校工部尚書、兼祭酒，時間不確。

韋楚老　文宗時？

　　《唐才子傳校正》卷6《韋楚老》第191頁，「楚老，長慶四年，中書舍人李宗閔下進士，仕終國子祭酒。」按韋楚老兩《唐書》無傳，《唐詩紀事》卷56云：「長慶進士，終於拾遺。」據《舊唐書》卷174《李德裕傳》中韋楚老開成二年已經為拾遺，終於祭酒推測可能在文宗時。

卷十六 唐宣宗

馮審　大中五年

　　《舊唐書》卷18《宣宗本紀》第630頁，「（大中五年十一月）國子祭酒馮審奏：『文宣王廟，始太宗立之，睿宗書額，武后竊政之日，改篆題『大周』二字，請削之。』」《唐會要》卷66《國子監》同。

楊漢公　大中八年～十三年

　　《唐代墓誌彙編續集》咸通008《唐故銀青光祿大夫檢校戶部尚書使持節郓州諸軍事守郓州刺史上柱國弘農郡開國公食邑二千戶弘農楊公墓誌銘並序》第1037頁，「未幾，除秘書監，又改檢校工部尚書、國子祭酒。閒秩七載，恬澹安逸，未嘗以退落介意。復授同州刺使」，《全唐文補遺》第六輯《唐故銀青光祿大夫檢校戶部尚書使持節郓州諸軍事守郓州刺史上柱國弘農郡開國公食邑二千戶弘農楊公（漢公）墓誌銘並序》同。據《東觀奏記》卷中，「大中十三年，漢公除同州刺史，給事中鄭公輿、裔綽三駁還制書。」除同州刺史是在大中十三年，是在任祭酒七載之後，因此推知初任祭酒在大中八年。

裴諗　大中九年

　　《舊唐書》卷18《宣宗本紀》第633頁，「（大中九年）三月，試宏詞舉人，漏泄題目，為御史臺所劾，侍郎裴諗改國子祭酒，郎中周敬復罰兩月俸料」。《東觀奏記》卷下第125頁同。《唐會要》卷76《制科舉》記載同，但時間為大中元年，裴諗記做裴稔，此處不取。

封敖　　大中十二年

　　　　《唐會要》卷65《太常寺》第1137頁，「（大中）十二年十月，太常卿封敖左授國子祭酒。舊式，太常卿上事，庭設九部樂。時敖拜命後，欲便於觀閱，移就私第視事，為御史所舉，遂有此責。」《東觀奏記》卷下同。《唐書》卷177《封敖傳》略同。

柳公權　　大中十三年前

　　　　《舊唐書》卷165《柳公綽傳》第4312頁，「（柳公權）累遷金紫光祿大夫、上柱國、河東郡開國公、食邑二千戶。復為左常侍、國子祭酒。歷工部尚書。咸通初，改太子少傅，改少師」。按《唐書》卷163《柳公綽附公權傳》第5030頁，「累封河東郡公，復為常侍，進至太子少師。大中十三年，天子元會，公權稍耄忘，先群臣稱賀，占奏忽謬，御史劾之，奪一季俸，議者恨其不歸事。」為太子太師在大中十三年前，擔任國子祭酒在太子太師之前，因此在大中十三年前。

卷十七　唐懿宗

劉允章　　咸通末

　　　　《唐書》160《劉伯芻傳》第4970頁，「允章，字蘊中，咸通中為禮部侍郎。請諸生及進士第並謁先師，衣青衿，介幘，以還古制。改國子祭酒。」按《舊唐書》卷153《劉迺傳》第4086頁，「允章登進士第，累官至翰林學士承旨、禮部侍郎。咸通九年，知貢舉，出為鄂州觀察使、檢校工部尚書。」任祭酒在任觀察使之後，因此在咸通末年。

卷十八　唐僖宗

蕭峴　　乾符二年四月

　　　　《舊唐書》卷19《僖宗本紀》第694頁，「（僖宗乾符二年）四月，海賊王郢攻剽浙西郡邑。以⋯⋯秘書監蕭峴為國子祭酒。」

楊授　　廣明元年之後

　　　　《舊唐書》卷176《楊嗣復傳》第4560頁，「（僖宗）車駕還（京），拜兵部侍郎。宰相有報怨者，改左散騎常侍、國子祭酒，又轉太子賓客。⋯⋯從昭宗在華下，改刑部尚書、」僖宗車架還京在廣明元

年三月，因此楊授任祭酒在廣明元年之後。

盧渥　　中和元年

　　　　《全唐文》卷 809《司空圖·故太子太師致仕盧公神道碑》第
8511 頁，「（廣明元年）冬十月，（盧渥）拜禮部侍郎。群輩之躁聚勢
門，欲以浮論籠駕主司者，迎自咎其牙角，洎入貢署，才引明經，
則美稱已嘩於外議。遇大駕南幸，乃中輟，人至今惜之。明年春，
自都潛出，二月至中條，舍於幕吏司空圖，被疾浹旬方至洛。由漢
陰詣蜀，舟行迂滯，尚以後至授國子祭酒。公論逾鬱，拜御史丞兼
左丞。」按大駕南幸在廣明元年十二月，盧渥明年二月即中和元年，
因後至降為國子祭酒，未幾，以輿論逾鬱，拜御史丞兼左丞。

鄭綮　　僖宗末年

　　　　《唐書》卷 183《鄭綮傳》第 5384 頁，「杜弘徽任中書舍人，綮
以其兄讓能輔政，不宜處禁要，上還制書，不報，輒移病去。召為
右散騎常侍，往往條摘失政，眾歡傳之，宰相怒，改國子祭酒，議
者不直，復還常侍。大順後，王政微，綮每以詩謠託諷」。推知任祭
酒當在僖宗末。

卷十九　唐昭宗

孔緯　　兼祭酒　文德元年～大順元年

　　　　《唐書》卷 63《宰相表下》第 1747 頁，「（文德元年戊申）九月，
緯兼國子祭酒。」此後一直兼祭酒到大順元年十二月，《舊唐書》卷
20《昭宗本紀下》第 740 頁，「（大順元年）二月丁巳，宰臣兼國子
祭酒孔緯以孔子廟經兵火，有司釋奠無所，請內外文臣自觀察使、
制使下及令佐，於本官料錢上緡抽十文，助修國學，從之。」十二
月被貶荊南節度使。又見《全唐文》卷 90《昭宗皇帝·貶孔緯荊南
節度使制》、兩《唐書》。

李涪　　昭宗時

　　　　《全唐文》卷 764《李涪》第 7945 頁，「涪，昭宗時歷官金部郎
中、河南少尹、國子祭酒、詹事府丞。」《全唐文》卷 832《錢珝·
授太僕卿賜紫李涪國子祭酒制》、《文苑英華》卷 400《中書制誥·授
太僕卿賜紫李涪國子祭酒制》，作者錢珝，按《唐才子傳》卷 9《錢
珝》：「（錢）珝，吳興人，……昭宗時，仕為中書舍人。」故推知此

敕令是其在任中書舍人時所撰。

卷二十　唐哀帝

崔澄　？～天祐二年

《舊唐書》卷20《哀帝本紀》第795頁，「（天祐二年五月）甲申，秘書監崔仁魯可密州司戶，國子祭酒崔澄陳州司戶」。

此處統計國子祭酒共113人，尚有待考祭酒12人，共125人

二、國子博士

卷一　唐高祖

丁孝烏　武德元年

《唐會要》卷39《定格令》第701頁，「武德元年六月一日，詔劉文靜與當朝通識之士，因隋開皇律令而損益之，遂制為五十三條。務從寬簡，取便於時。……十二月十二日，又加內史令蕭瑀、禮部尚書李綱、國子博士丁孝烏等，同修之。」《唐令拾遺》附錄同。

徐文遠　武德二年～？

《舊唐書》卷189上《徐文遠傳》第4944頁，「王世充僭號，復以為國子博士。因出樵採，為羅士信獲之，送於京師，復授國子博士。武德六年，高祖幸國學，觀釋奠，遣文遠發春秋題，諸儒設難蜂起，隨方占對，皆莫能屈。封東莞縣男。年七十四，卒官。」其成為唐國子博士在王世充僭號之後不久，即武德二年，直至武德六年仍任祭酒，推測可能直到死之前，一直為祭酒。又見《大唐新語》卷之十二《勸勵第二十六》，《唐書》卷198《徐曠傳》，《唐書》卷75《宰相世系表》等

孔穎達　武德九年～貞觀二年

《全唐文》卷145《于志寧·大唐故太子右庶子銀青光祿大夫國子祭酒上護軍曲阜憲公孔公碑銘》第1462頁，「碣館（闕一字）宮文（闕一字）於茲愈（闕二字）年遷國子博士，膏梁（闕二字）舉（闕七字）揮汗（闕三字）攝齊問惑，譬洪鐘而（闕一字）叩，負笈質疑，（闕一字）衢尊而（闕二字）聲實振於關右，芳風蓋於淹中。其年封曲阜縣開國男，食邑三百戶，析圭助土，望（闕十字）德。

貞觀二（闕一字）改（闕一字）給（闕一字）中職亞（闕一字）卿位（闕三字）丹墀近待，允屬時英」。《金石萃編》卷 47《孔穎達碑・曲阜憲公孔公碑銘》同。據《舊唐書》卷 73《孔穎達傳》補正：「武德九年，擢授國子博士。貞觀初，封曲阜縣男，轉給事中。」可見武德九年遷國子博士，後於貞觀二年改任給事中。

卷二 太宗

陸元朗　貞觀初

　　《舊唐書》卷 189 上《陸德明傳》第 4945 頁，「（陸德明）尋補太學博士。後高祖親臨釋奠，時徐文遠講《孝經》，沙門惠乘講《波若經》，道士劉進喜講《老子》，德明難此三人，各因宗指，隨端立義，眾皆為之屈。高祖善之，賜帛五十匹。貞觀初，拜國子博士，封吳縣男。尋卒。」《唐書》卷 198《陸元朗傳》，《全唐文》卷 146《陸元朗》，《大唐新語》卷之三《公直第五》略同。

朱子奢　貞觀二年

　　《唐會要》卷 35《褒崇先聖》第 635 頁，「貞觀二年十二月，尚書左僕射房元齡、國子博士朱子奢建議云：『武德中，詔釋奠於太學，以周公為先聖，孔子配享。臣以周公尼父，俱稱聖人。庠序置奠，本緣夫子。故晉宋梁陳，及隋大業故事，皆以孔子為先聖，顏回為先師，歷代所行，古人通允。伏請停祭周公，升夫子為先聖，以顏回配享。』詔從之。」《新唐書》卷 15《禮樂志》同。

蓋文達　貞觀初～貞觀十年後

　　《金石萃編》卷 46《蓋文達碑》第 2～5 頁，「武德九年授國子助教，今上韜光藩服，歷試艱難，盧左用佇奇才，開館以紓（闕五字）辟來遊府朝，遂得文預題鞭，恩參置醴，聖人嗣應寶曆，君臨區宇，業盛配天，功齊造化。循韶夏之舊規，宏（闕四字）風，以公學冠當時，除國子博士。雖曹志之篤行，江統之高名，未足連步成均，比肩璧水，十年詔授（闕二字）散（闕四字）諫議大夫國子博士如故，懷匪躬之節，抱忠公之心，同少翁之善言，信紀山之鯁直。十一年從駕洛陽宮，（闕四字）補宏文館學士。遊步銅駝，待詔金馬，切問資以辨對，近侍屬於博文。」《全唐文》卷 145《于志寧・唐太傅蓋公墓碑》同。

蓋文懿　貞觀中

　　　　《舊唐書》卷 189 上《蓋文達傳》第 4952 頁，「文懿者，貝州宗城人也。武德初，歷國子助教。……貞觀中，卒於國子博士。」《唐書》卷 198《蓋文達傳》略同。

劉伯莊　貞觀五年～高宗時？

　　　　《舊唐書》卷 189 上《劉伯莊傳》第 4955 頁，「劉伯莊，徐州彭城人也。貞觀中，累除國子助教。與其舅太學博士侯孝遵齊為弘文館學士，當代榮之。尋遷國子博士，其後又與許敬宗等參修《文思博要》及《文館詞林》。龍朔中，兼授崇賢館學士。」可知除任國子助教後不久即遷博士，其任國子助教在貞觀五年，見《舊唐書》卷 22《禮樂志》。貞觀十一年、十五年仍是國子博士，見《唐會要》卷 7《封禪》，《舊唐書》卷 23《禮儀志三》；《唐會要》卷 36《修撰》。據兩《唐書》記載可能直至龍朔中兼任崇賢館學士時仍然一直擔任國子博士。

谷那律　？～貞觀十六年後

　　　　《全唐文》卷 146《孔穎達・春秋正義序》第 1478 頁，「謹與朝請大夫守國子博士臣谷那律、故四門博士臣楊士勳、四門博士臣朱長才等對共參定。至十六年，又奉敕與前修疏人及朝散大夫行太常博士上騎都尉臣馬嘉運、……騎尉臣隨德素等對敕使趙宏智覆更詳審，為之正義，凡三十六卷，冀貽諸學者，以裨萬一焉。」可知谷那律貞觀十六年之前已經為國子博士，至孔穎達寫《春秋正義序》時仍然是國子博士。兩《唐書》本傳均稱其貞觀中任國子博士。《大唐新語》卷一指出谷那律在由國子博士改任諫議大夫在貞觀中，因此確定其國子博士卸任大概在貞觀十六年之後。

卷三　高宗

王道珪　龍朔前後

　　　　《唐書》卷 200《尹愔傳》第 5703 頁，「（尹）思貞，字季弱。明《春秋》，擢高第。嘗受學於國子博士王道珪，稱之曰：『吾門人多矣，尹子叵測也。』」兩《唐書》無傳。按《全唐文》卷 231《張說・四門助教尹先生墓誌銘》第 2343 頁，「（尹思貞）十五誦三《禮》，能明君臣父子之道，定郊廟吉凶之制。二十誦《春秋》、

《尚書》，能精五行九疇之數，斷褒貶會盟之節。二十五誦《詩》及《易》，能辨政教雅頌之始，極變化生生之至；……垂拱四年，以明經高第，遂授大成。……長安二年六月十日畫寢，忽夢麟臺兩局爭召修文，覺而歎曰：「十二日稷，吾當往矣。」因命親族序訣。至日，安枕俟期，俄然而卒，春秋四十」。可知尹思貞約二十歲左右曾受學於國子博士王道珪，據其死於長安二年，春秋四十計算，王道珪任博士授業時，尹思貞大概20歲左右，約在高宗龍朔前後。

范義頵　顯慶時

《舊唐書》卷191《方伎・玄奘》第5109頁，「顯慶元年，高宗又令左僕射于志寧、侍中許敬宗、中書令來濟李義府杜正倫、黃門侍郎薛元超等，共潤色玄奘所定之經，國子博士范義頵、太子洗馬郭瑜、弘文館學士高若思等，助加翻譯。」《唐會要》卷33《雅樂下》第606頁，「釋奠，樂章八。文宣公廟，奏宣和之舞。顯慶三年，國子博士范頵等撰。」疑此處范頵應為范義頵。

王德韶　永徽四年

《全唐文》卷136《長孫無忌・進五經正義表》第1375頁，長孫無忌進《五經正義》時間在永徽四年，此時王德韶任國子博士。兩《唐書》無傳。

沈子山　高宗時

《唐代墓誌彙編》大中140《唐故承議郎守大理司直沈府君墓誌銘》第2360頁，「高祖諱（沈）子山，國子博士」，《全唐文補遺》第一輯《唐故承奉郎守大理司直沈府君（中黃）墓誌銘》同。又《全唐文》卷258《蘇頲・贈禮部尚書褚公神道碑》第2612頁，「始吳興沈子山、吳郡曹福授（褚無量）以經，次吳郡張嘉會授之史。」按褚無量死於開元八年，公元720年，享年75歲。從沈子山授業年齡當在十幾歲，約公元655～665年，即高宗顯慶至麟德年間，因此推斷沈子山任博士當在此時。

卷四　武則天

范頤　垂拱前後

《全唐文》卷313《東都留守韋虛心神道碑》第3178頁，「（韋

虛心）在童冠，陞於膠序，介然獨立，異於諸生。國子博士范頤嘗與均禮，考功員外郎李回秀擢以高第。」按韋虛心開元二十九年，即公元 741 年，享年 70 歲，其在國學學習時年在童冠即 15 歲左右，即相當於武則天垂拱二年前後，范頤當時為國子博士，因此時間在垂拱前後。范頤，兩《唐書》無傳。

吳揚吾　聖曆元年

　　　　《舊唐書》卷 22《禮儀志》第 873 頁，「聖曆元年正月，又親享及受朝賀。尋制：每月一日於明堂行告朔之禮。司禮博士壁閭仁諝奏議曰：……上又命奉常廣集眾儒，取方慶、仁諝所奏，議定得失。當時大儒成均博士吳揚吾、太學博士郭山惲曰……制從之。」《唐會要》卷 12《明堂制度》同。又見《唐書》卷 199《張齊賢傳》,《全唐文》卷 208《吳揚吾》等。

郭山惲　長安三年

　　　　《唐會要》卷 77《論經義》第 1405 頁，「長安三年三月。四門博士王元感。表上尚書糾謬十卷。春秋振滯二十卷。……宏文館學士祝欽明。崇文館學士李憲。趙元亨。成均博士郭山惲。皆專守先儒章句。深譏元感掎摭舊義。元感隨方應答。竟不之屈。唯鳳閣舍人魏知古。」

卷五　唐中宗

褚無量　中宗神龍之後～景龍三年

　　　　《全唐文》卷 258《蘇頲・贈禮部尚書褚公神道碑》第 2612 頁，「（褚無量）用超倫等，即拜成均直講，轉右鷹揚倉曹參軍，直講如故。稍遷成均助教，累至國子博士朝散大夫、國子司業崇文館學士。」兩《唐書》本傳略同。知成均之稱至中宗神龍元年恢復為國子監，因此其任國子博士當在神龍之後、任國子司業之前，按《舊唐書》卷 102《褚無量傳》第 3165 頁，「景龍三年，遷國子司業，兼修文館學士。」

卷六　唐睿宗

尹知章　景雲初～開元六年

　　　　《舊唐書》卷 189 下《尹知章傳》第 4974 頁，「睿宗初即位，

中書令張說薦知章有古人之風，足以坐鎮雅俗，拜禮部員外郎。俄
轉國子博士。」任禮部員外郎在睿宗初即位時，很快即轉國子博士，
當在景雲時。此後直至開元六年卒於國子博士，其中記載其開元五
年任博士的史料有《通鑑》卷 211「玄宗開元五年十一月」第 6730
頁，「秘書監馬懷素奏：『省中書散亂訛缺，請選學術之士二十人整
比校補。』從之。於是搜訪逸書，選吏繕寫，命國子博士尹知章、
桑泉尉韋述等二十人同刊正，以左散騎常侍褚無量為之使，於乾元
殿前編校群書。」《舊唐書》卷 102《馬懷素傳》同。

卷七 唐玄宗

司馬貞　開元初

　　《唐書》卷 132《劉子玄傳》第 4522 頁，「開元初，（劉子玄）
遷左散騎常侍。嘗議《孝經》鄭氏學非康成注，舉十二條左證其謬，
當以古文為正；《易》無子夏傳，《老子》書無河上公注，請存王弼
學。宰相宋璟等不然其論，奏與諸儒質辯。博士司馬貞等阿意，共
黜其言，請二家兼行，惟子夏《易傳》請罷。」由於至開元七年已
經升任國子祭酒，見《唐會要》卷 77《論經義》等，推知此前所任
博士當為國子博士。

開休元　開元中

　　《全唐文補遺》第一輯《唐故朝散大夫國子司業上柱國開君（休
元）墓誌銘並序》第 132 頁，「（開休元）服滿，除國子博士。屬國
家有巡享之禮，以君容止可觀，人倫師表，特預入廟行事，制加朝
散大夫。無何，除國子司業。……以開元廿一年五月七日，遇疾卒
於西京永興里之私第，時年五十有五。」《唐代墓誌彙編》開元 390
《唐故朝散大夫國子司業上柱國開府君墓誌並序》，《千唐誌齋藏誌》
733《唐故朝散大夫國子司業上柱國開君（休元）墓誌並序》同。開
休元以開元二十一年卒於國子司業，司業之前為博士，當在開元中。

侯行果　開元十二年

　　《舊唐書》卷 23《禮儀志三》第 893 頁，「（玄宗開元十二年）
於是詔中書令張說、右散騎常侍徐堅、太常少卿韋縚、秘書少監康
子元、國子博士侯行果等，與禮官於集賢書院刊撰儀注。」《唐會要》
卷 8《郊議》，《金石萃編》卷 76《紀太山銘・太山銘》同。

康子元　開元十三年

　　開元十二年康子元與侯行果等人議定泰山儀注時仍然為秘書少監，此事見多處記載，如《舊唐書》卷 23《禮儀志三》，《唐會要》卷 8《郊議》，《金石萃編》卷 76《紀太山銘・太山銘》等等。但開元十三年便已經成為國子博士，《唐會要》卷 64《集賢院》第 1119頁，「（開元）十三年四月五日，因奏封禪儀注，敕中書門下及禮官學士等，賜宴於集仙殿。上曰：『今與卿等賢才，同宴於此，宜改集仙殿麗正書院為集賢院。』乃下詔曰：『仙者捕影之流。朕所不取，賢者濟治之具，當務其實。院內五品已上為學士，六品已下為直學士，中書令張說充學士、知院事，散騎常侍徐堅為副，禮部侍郎賀知章、中書舍人陸堅並為學士，國子博士康子元為侍講學士。』」

王希夷　開元十四年

　　《舊唐書》卷 192《隱逸傳・王希夷》第 5121 頁，「開元十四年，下制曰：「徐州處士王希夷，絕學棄智，抱一居貞，久謝囂塵，獨往林壑。朕為封巒展禮，側席旌賢，賁然來思，克應嘉召。雖紆綺季之跡，已過伏生之年，宜命秩以尊儒，俾全高於尚齒。可朝散大夫，守國子博士，聽致仕還山。」《大唐新語》卷之十《隱逸第二十三》，《唐書》卷 196《王希夷傳》略同。

范行恭　開元初？～開元十四年後

　　《舊唐書》卷 185《良吏傳》第 4813 頁，「（陽嶠）入為國子祭酒，累封北平伯，薦尹知章、范行恭、趙玄默等為學官，皆稱名儒。」按陽嶠開元初入為祭酒，舉范行恭為學官，疑從此時范行恭即已經擔任國子博士。如《唐會要》卷 77《論經義》第 1410 頁，「（開元）十四年八月六日，太子賓客元行沖等，撰《禮記義疏》五十卷成，奏上之。先是，右衛長史魏光乘上言，今《禮記》章句蹐駁，故太師魏徵，更編次改注，堪立學傳授。上遽令行沖集學者撰義疏，將立學官，行沖於是引國子博士范行恭、四門助教施敬本，檢討刊削。」兩《唐書・元行沖傳》同。這段史料說明開元十四年撰成禮記義疏，而當初開始參加編寫時范行恭已經為國子博士。直至開元十四年仍然是國子博士，見《唐代墓誌彙編》開元 389《唐故宣州溧陽縣令贈秘書丞上柱國開府君墓誌並序》開元十四年國子博士范行恭舉開承

簡為將率事，《全唐文補遺》第四輯《唐故宣州溧陽縣令贈秘書丞上柱國開府君（承簡）墓誌並序》同。

留元鼎　天寶四載

　　　《金石萃編》卷 87《石臺孝經‧孝經序》第 1 頁，天寶四載國子祭酒李齊古上奏御製《石臺孝經序》時，記錄參與編撰的官員有，「朝請大夫守國子博士上柱國臣留元鼎。」

卷八　唐肅宗

柳芳　天寶末至肅宗初

　　　《全唐詩》卷 117《薛業‧洪州客舍寄柳博士芳》第 1184 頁，「去年燕巢主人屋，今年花發路傍枝。年年為客不到舍，舊國存亡那得知。胡塵一起亂天下，何處春風無別離。」按《全唐詩》注釋薛業為天寶時進士，由此處胡塵一起亂天下，說明安史之亂已經爆發，推測當在天寶末至肅宗初這一段時間。《新唐書‧柳芳傳》未有關於其任博士的記載。

卷九　唐代宗

竇叔向　大曆十四年前

　　　《全唐詩》卷 242《酬張二十員外前國子博士竇叔向》知竇叔向曾任國子博士。按《唐才子傳》卷 4《竇叔向》第 582～584 頁，「叔向，字遺直，扶風平陵人也。有卓絕之行，登第於大曆初，遠振嘉名，為文物冠冕。詩法謹嚴，又非常格。一流才子，多仰飆塵。少與常袞同燈火，及袞相，引擢左拾遺、內供奉。及坐貶，亦出為溧水令。卒，贈工部尚書。」按竇叔向自登第至被出為溧水令均在大曆年間，任國子博士也當在此間。

張涉　大曆末～建中元年

　　　《舊唐書》卷 127《張涉傳》第 3577 頁，「張涉者，蒲州人，家世儒者。涉依國學為諸生講說，稍遷國子博士，亦能為文，嘗請有司日試萬言，時呼張萬言。德宗在春宮，受經於涉。及即位之夕，召涉入宮，訪以庶政，大小之事皆咨之。翌日，詔居翰林，恩禮甚厚，親重莫比。自博士遷散騎常侍。」《通鑒》卷 225「代宗大曆十四年七月」第 7265 頁，「上之在東宮也，國子博士河中張涉為侍讀。

即位之夕，召涉入禁中，事無大小皆咨之；明日，置於翰林為學士，親重無比。乙未，以涉為右散騎常侍，仍為學士。」

孔述睿　大曆末

　　　　《舊唐書》卷 192《隱逸傳·孔述睿》第 5130 頁，「代宗以太常寺協律郎徵之，轉國子博士，歷遷尚書司勳員外郎、史館修撰。述睿每加恩命，暫至朝廷謝恩，旬日即辭疾，卻歸舊隱。德宗踐祚，以諫議大夫銀章朱綬，命河南尹趙惠伯齎詔書、玄纁束帛，就嵩山以禮徵聘。」《新唐書》卷 196《孔述睿傳》略同。按孔述睿被徵召源於劉晏大曆中向代宗推薦，後又於代宗時歸隱，直到德宗即位再次徵召。

卷十　唐德宗

獨孤寔　貞元時

　　　　《唐代墓誌彙編續集》咸通 002《唐故兗海觀察使朝散大夫檢校秘書省校書郎御使河南獨孤府君墓誌銘並序》第 1031 頁，「君諱驤，字希龍，臨川八世孫也。……皇考諱寔，尚書膳部員外郎國子博士；夫人博陵崔氏。尚書天寶末制策登□員外，貞元初進士擢第。」《全唐文補遺》第三輯《唐故兗海觀察使朝散大夫檢校秘書省校書郎御使河南獨孤府君（驤）墓誌銘並序》。令狐寔天寶末制策登科，約 20 歲左右，至貞元初進士擢第，中間至少經歷了 43 年，此時已經為 60 多歲高齡，貞元年號共 21 年，因此其任國子博士定在貞元之間。

陸質　貞元末

　　　　《柳宗元集》卷 9《唐故給事中皇太子侍讀陸文通先生墓表》第 209 頁，「（陸質）用是為天子爭臣，質佐淮南節度使少遊幕府，少游薦之朝，授左拾遺。尚書郎、國子博士、給事中、皇太子侍讀，（貞元二十一年四月，自給事中為太子侍讀。）皆得其道。刺二州，守人知仁。（質歷臺、信二州刺史。）永貞年，（是歲改為永貞元年），侍東宮，言其所學，為《古君臣圖》以獻，而道達乎上。」《全唐文》卷 588《柳宗元·唐故給事中皇太子侍讀陸文通先生墓表》同。《全唐文》卷六二六《呂溫·代國子陸博士進集注春秋表》，呂溫是陸質的學生，按新唐書呂溫傳，呂溫「貞元末，擢進士第。與韋執誼厚，因善王叔文。再遷為左拾遺。以侍御史副張薦使吐蕃，會順宗立，

薦卒於虜，虜以中國有喪，留溫不遣。」其代老師做表的時間當在貞元末。

卷十一 唐憲宗

韓愈　元和元年～元和四年

　　《唐書》卷176《韓愈傳》第5255頁，「元和初，權知國子博士，分司東都，三歲為真。改都官員外郎，即拜河南令。」按《韓愈集‧附錄‧朱子校昌黎先生集傳》注釋為元和元年六月召韓愈為權知國子博士，元和二年為國子博士分司東都，直至元和四年改任都官員外郎時。

元和七年～元和八年

　　《唐書》卷176《韓愈傳》第5255頁，「華陰令柳澗有罪，前刺史劾奏之，未報而刺史罷。澗諷百姓遮索軍頓役直，後刺史惡之，按其獄，貶澗房州司馬。愈過華，以為刺史陰相黨，上疏治之。既御史覆問，得澗贓，再貶封溪尉。愈坐是復為博士。既才高數黜，官又下遷，乃作《進學解》以自諭曰：……執政覽之，奇其才，改比部郎中、史館修撰。」按《韓愈集‧附錄‧朱子校昌黎先生集傳》注釋以職方員外郎復為國子博士時間在元和七年壬辰二月，改比部郎中的時間在元和八年癸巳三月。

崔立之　元和十年前

　　《全唐詩》卷361《劉禹錫‧酬國子崔博士立之見寄》第4077頁，「健筆高科早絕倫，後來無不揖芳塵。遍看今日乘軒客，多是昔年呈卷人。胄子執經瞻講坐，郎官共食接華茵。煩君遠寄相思曲，慰問天南一逐臣。」可知劉禹錫作此詩時，崔立之任國子博士，而此時劉禹錫正值永貞二王八司馬事件其被貶之後，按這段時間從永貞元年九月至元和十年，故崔立之任國子博士當在此間。

李翱　元和初～元和十五年

　　《舊唐書》卷160《李翱傳》第4207頁，「元和初，（李翱）轉國子博士、史館修撰。十四年，太常丞王涇上疏請去太廟朔望上食，詔百官議。……尋權知職方員外郎。十五年六月，授考功員外郎，並兼史職。」《唐書》卷177《李翱傳》略同。李翱自元和初任國子博士，至元和十四年十二月王涇上疏討論去太廟朔望上食事時仍然

任博士，見《唐會要》卷18《緣廟裁制下》，直至元和十五年授考功員外郎時為止。

鄭澣（涵）　元和十三年

　　　　《舊唐書》卷158《鄭餘慶傳》第4167頁：「餘慶為僕射，請改省郎。乃換國子博士、史館修撰。丁母憂，除喪，拜考功郎中。復丁內艱，終制，退居汜上。」鄭澣因其父鄭餘慶為僕射而避嫌，從考功員外郎改官為國子博士，按鄭餘慶任左僕射在元和十三年三月，鄭澣改任博士也在此後不久。《唐書》卷165《鄭餘慶傳》略同。

林寶用　元和十三年

　　　　《唐會要》卷39《定格令》第704頁，「至（元和）十三年八月。鳳翔節度使鄭餘慶等，詳定格後敕三十卷。左司郎中崔郾、吏部郎中陳諷、禮部員外郎齊庾敬休、著作郎王長文、集賢校理元從質、國子博士林寶用修上。」

張籍　元和十五年～？

　　　　《唐書》卷176《張籍傳》第5266頁，「張籍者，字文昌，和州烏江人。第進士，為太常寺太祝。久次，遷秘書郎。愈薦為國子博士。歷水部員外郎、主客郎中。」《唐才子傳》卷5《張籍》，《舊唐書》卷160《張籍傳》，《舊唐書》卷160《韓愈傳》略同。按韓愈元和十五年任祭酒，上任後即薦舉張籍為博士，見《韓昌黎文集校注》卷8《舉薦張籍狀》，《全唐文》卷549《韓愈‧舉薦張籍狀》等。直至被任命為水部員外郎。

卷十二　唐文宗

趙正卿　大和七年～八年

　　　　《全唐文補遺》第一輯《唐故國子監禮記博士趙公（正卿）墓誌銘》第308頁，「（公）既免郡，浩然有歸故鄉奉墳墓之志。無何，朝廷復古建官，立五經博士，咸以為非公無應其選者。拜國子監禮記博士，尋兼領立石經事。以大和八年十二月十九日，寢疾終於京師通化里，享年五十九。」《千唐誌齋藏誌》1060《唐故國子監禮記博士趙公（正卿）墓誌銘》，《唐代墓誌彙編》大和087《唐故國子監禮記博士趙公墓誌銘》同。按朝廷復古建官、立五經博士在大和七年，公被拜官，直至大和八年終於此官。

李訓　　大和八年～大和九年

　　　　《舊唐書》卷 17《文宗本紀》第 555 頁，「（文宗大和八年九月）
　　　　壬辰，召國子四門助教李仲言（李訓）對於思政殿，賜緋。……以
　　　　助教李仲言為國子《周易》博士，充翰林侍講學士。皇太子見太師
　　　　路隨於崇明門。」《舊唐書》卷 17《文宗本紀》第 559 頁，「（文宗大
　　　　和九年七月）甲子，以《周易》博士李訓為兵部郎中、知制誥，依
　　　　前充翰林侍講學士。」《舊唐書》卷 169《李訓傳》，《通鑑》卷 245
　　　　「文宗太和九年七月」同。

韋公肅　　大和中

　　　　《全唐文》卷 606《劉禹錫·國學新修五經壁本記》第 6116 頁，
　　　　「今天子尚文章，尊典籍。於苑囿不加尺椽，而成均以治。國學上
　　　　言，遽賜千萬。時祭酒齊皞實尸之，博士（韋）公肅實佐之。國庠
　　　　重嚴，過者必式。遂以羨贏，再新壁書。」今上指文宗，齊皞在大
　　　　和七年為祭酒，因此韋公肅任國子博士當在大和中。兩《唐書》本
　　　　傳無相關記載。

韓昶　　開成末～？

　　　　《全唐文》卷 741《韓昶·自為墓誌銘（並序）》第 7666 頁，「相
　　　　國牛公僧孺鎮襄陽，以殿中加支使，旋拜秘書省著作郎，遷國子博
　　　　士。」《金石萃編》卷 114《翰昶·韓昶自為墓誌》，《唐代墓誌彙編》
　　　　大中 102《唐故朝議朗檢校尚書戶部郎中兼襄州別駕上柱國韓昶自為
　　　　墓誌銘並序》同。知韓昶任祭酒是在牛僧孺任山南東道節度使之後
　　　　不久，按牛僧孺任節度使在開成四年八月，韓昶升任祭酒當在此後
　　　　不久。

章師道　　開成二年

　　　　《金石萃編》卷 109《石刻十二經並五經文字九經字樣》第 4
　　　　頁，「開成二年丁巳歲月次……上石官將仕郎守四門助教臣陳莊
　　　　士……校勘官諫專知都堪定經書檢校刊勒上石朝議郎守國子毛詩博
　　　　士上柱國臣章師道，朝散大夫守國子司業騎都尉賜緋魚袋臣楊敬
　　　　之，都檢校官銀青光祿大夫國子祭酒同中書門下平章事太清宮使監
　　　　修國史上柱國滎陽郡開國公食邑二千戶臣覃。」開成二年上《開成
　　　　石經》時國子博士章師道負責校勘。《全唐文補遺》第七輯《鄭覃進

石經狀》同。

張次宗　開成三年～會昌中

　　　　《舊唐書》卷129《張延賞傳》第3613頁，「開成政事，詳於史氏，次宗尤稱奉職。改禮部員外郎，以兄文規為韋溫不放入省出官，次宗堅辭省秩，改國子博士兼史館修撰。」次宗改國子祭酒因兄文規為韋溫不放入省出官，按時間在開成三年。其後在改任澧州刺史之前一直任博士，按其由國子博士出為澧州刺史約在會昌中（見《唐刺史考》第2215頁）。

卷十三　唐宣宗

雍陶　　大中六年～大中八年

　　　　《唐才子傳校箋》卷七《雍陶》第248頁，「大中六年，授國子毛詩博士。」《唐書》卷60《藝文志四》第1612頁，《雍陶詩集》十卷注釋曰「字國鈞，大中八年自國子《毛詩》博士出為簡州刺史。」《全唐詩》卷518《雍陶》同。

李潯　　大中十一年

　　　　《唐大詔令集》卷129《大中十一年冊回鶻可汗文》第698頁，「今遣使臣朝議郎、檢校秘書監、兼衛尉少卿、御使中丞、上柱國、賜紫金魚袋王端章，副使臣朝議郎、檢校尚書工部郎中、兼國子禮記博士、御使、賜緋魚袋李潯，馳戒備禮，冊命為九姓回鶻嗢祿登里羅汨沒密施合俱錄毗伽懷建可汗。」《全唐文》卷82《宣宗·冊回鶻可汗文》，《舊唐書》卷18下《宣宗本紀》同。

牛蔚　　宣宗時

　　　　《舊唐書》卷172《牛僧儒傳》第4473頁，「大中初，為右補闕，屢陳章疏，指斥時病。宣宗嘉之，曰：『牛氏子有父風，差慰人意。』尋改司門員外郎，出為金州刺史，入拜禮、吏二郎中。以祀事準禮，天官司所掌班列，有恃權越職者，蔚奏正之，為時權所忌，左授國子博士，分司東都。」《新唐書》本傳略同。

孫頊　　大中四年

　　　　《唐代墓誌彙編》大中042《大唐故蘇州長洲縣令孫府君夫人吳郡張氏墓誌銘有序》第2280頁，「親侄朝議郎守國子春秋博士上柱國分司東都頊撰並書……（夫人）歲大中四年夏四月歿於荊州之官

舍享年六十一，……遂即用其年十月十七日，合葬於河南府河南縣平樂鄉杜翟村」。《全唐文補遺》第一輯《大唐故蘇州長洲縣令孫府君夫人吳郡張氏墓誌銘並序》同。夫人大中四年卒，其侄子孫頊為其寫作墓誌銘也在此時。

王坤　　大中四年

《太平廣記》卷 351《王坤》第 2778 頁，「太原王坤，大中四年春為國子博士。……是歲冬，果卒。」《太平廣記》轉引。按兩《唐書》無傳，僅《新唐書》卷 58《藝文志》記有王坤著《驚聽錄》一卷，記黃巢事。按《太平廣記》記載王坤當卒於大中四年冬，而黃巢事則在僖宗時，可能此王坤非彼王坤。

楊松年　大中十二年

《全唐文補遺》第一輯《唐故河南府河南縣令賜緋魚袋弘農楊公（松年）墓誌銘並序》第 373 頁，「大中十二年正月二日，河南縣令弘農楊□□□□□善里之私第，享年五十七。……公諱□，字松年，弘農人。著於圖諜。……學深左傳，尤博史書。……及從時解褐，初授崇文館校書。次任廣文館助教。次授大理評事，充充海觀察推官。又奏監察裏行，□職於平盧節度。歲滿，□□□中侍御史，充嶺南節度使掌記。所至裨補，正道斯行。還歸上京□州□□□□朝，一為著作郎，一為國子博士。由是，勞兩轉班行，擢河南縣令。」《千唐誌齋藏誌》1141《唐故□【河】南府河南縣令賜緋魚（袋）弘農楊公（松年）墓誌銘並序》同。可知公卒於大中十二年，而任國子博士在此之前。

盧渥　　約宣宗、懿宗時

《全唐文》卷 809《司空圖·故太子太師致仕盧公神道碑》第 8511～8512 頁，「太夫人在洛，乞以散秩就養，拜國子博士分務殆十年。公議所迫，遷侍御史，專領東臺之務。徵起居，轉司封員外知雜事。……拜某官知制誥，每涉委廉，則堂列簦眙。宰相詳議大政，亦俟入直乃行。前後六年，編錄盈笥，實一時之典則也。丁內憂，哀毀逾禮，士大夫莫不感傷。免喪，拜陝虢觀察使兼御史中丞。」按《舊唐書》卷 190 下《司空圖傳》第 5082 頁，「（乾符七年）（盧）攜復入朝，路由陝虢，謂陝帥盧渥曰：『司空御史，高士也，公其厚

之。』渥即日奏為賓佐。」盧渥於乾符七年仍然任陝虢觀察使，此前擔任六年知制誥，按其任博士最遲當在懿宗時，可能始於宣宗時。

卷十四　唐懿宗

楊思願　咸通二年

《唐代墓誌彙編續集》咸通 008《唐故銀青光祿大夫檢校戶部尚書使持節鄆州諸軍事守鄆州刺使上柱國弘農郡開國公食邑二千戶弘農楊公墓誌銘並序》1037 頁，「（楊漢公）以咸通二年七月十日，薨於宣教坊之私第。訃及闕下。皇帝罷朝一日，贈右僕射。……夫人即僕射之幼女，……生二子：曰籌，曰範，皆登進士第，有令名於當時。……公之長子思願，鄭夫人鞠之同於己子，有清文懿行，今為國子周易博士。」既稱今，當指作墓誌銘之時，時間為咸通二年。

澹轔　咸通十年前

《全唐文·唐文續拾》卷 6《澹轔·范陽盧君妻京兆澹氏墓誌銘》第 11241 頁，「予娶潁川陳氏，生夫人，即予之長女也。□夫！父諱□，官至國子博士、贈散騎常侍。伯舅諱修古，亦由□官歷復、郢二州刺使，皆以背碑覆局得名。……咸通十年五月，遣一介至京師，招國荒居，詰其故，曰：『盧氏夫人被病不救矣。』」此為澹轔為女所做墓銘，其中提到自己官至國子博士，其女卒於咸通十年，其寫作時當已經致仕，任國子博士在此前。

李隱　咸通十二年

《唐代墓誌彙編》咸通 093《唐故太子司議郎李府君墓誌銘並序》第 2451 頁，標明「堂侄將仕郎守國子周易博士隱撰」由於墓主李璩卒於咸通十二年，其堂侄李隱為其寫作墓誌時間也當在此年，《全唐文補遺》第七輯《唐故太子司議郎李府君（璩）墓誌銘並序》同。

柏晶　懿宗、僖宗時？

《全唐文》卷 828《羅袞·倉部柏郎中墓誌銘》第 8729 頁，「近代科學之家，有柏氏倉部府君諱宗回，字幾聖。祖士良，忠州司馬。父晶，毛詩博士，贈國子司業。君踵父學《開元禮》，咸通中，考官第之，尚書落之。不勝壓屈，因罷。……年六十一，以光化二年二月二日，卒官京師。」按柏宗回光化二年（899 年），61 歲，按照其父大於其 20 歲推測，879 年大概 61 歲，由於其在退休前最高官職為

毛詩博士，時間當在 60 歲左右。因此推測當在懿宗、僖宗時。

卷十五 唐僖宗

薛堅石　乾符四年

　　《通鑑》卷 253「僖宗乾符四年五月」第 8191 頁，「（僖宗乾符四年）五月，甲子，以給事中楊損為陝虢觀察使。損至官，誅首亂者。損，嗣復之子也。初，桂管觀察使李瓚失政，支使薛堅石屢規正之，瓚不能從。及瓚被逐，堅石攝留務，移牒鄰道，禁遏亂兵，一方以安。詔擢堅石為國子博士。」兩《唐書》無傳。

崔環　乾符四年前

　　《全唐文補遺》第一輯《唐故溫州刺史清河崔府君（紹）墓誌銘並序》第 422 頁，「有唐乾符紀元龍集丁酉，故溫州太守崔府君終於鄭州滎陽縣之傳舍，享年四十四。……府君從父兄前國子博士環既自襄事，以將圖不朽，必播美於石。以兢居阮巷之列，又忝科第，遂命為志，故不克讓。府君諱紹，字襲之，清河東武城人也。」崔紹卒於乾符四年，其從父兄崔環為其做誌時為前國子博士。

皮日休　乾符中？

　　《太平廣記》卷 499《皮日休》第 4096 頁，「日休字襲美，襄陽竟陵人，幼攻文，隱於鹿門山，號醉吟先生。初至場中，禮部侍郎鄭愚以其貌不揚，戲之曰：『子之才學甚富，其如一日何？』對曰：「侍郎不可以一日而廢二日。」謂不以人廢言也，舉子咸推伏之。官至國子博士，寓蘇州。」參照《唐才子傳》卷 8《皮日休》：「咸通八年禮部侍郎鄭愚下及第。為著作郎，遷太常博士。時值末年，虎狼放縱，百姓手足無措……日休性沖泊無營，臨難不懼。乾符喪亂，東出關，為毗陵副使，陷巢賊中，巢惜其才，授以翰林學士。」按其在東出關在乾符時，任國子博士在此前，也當在乾符中。

李內恭　中和二年

　　《全唐文補遺》第八輯《唐故隴西李公（杼）范陽盧氏夫人合葬墓銘並序》第 230 頁，注墓誌銘由前國子博士李內恭為其伯父母撰寫，時間在中和二年十二月。《全唐文補遺》第八輯《唐故懷州錄事參軍姑臧李公（杼）墓誌銘》同。

卷十六　唐昭宗

朱樸　　乾寧初～乾寧三年

　　　　《唐書》卷 183《朱樸傳》第 5385 頁，「乾寧初，太府少卿李元實欲取中外九品以上官兩月俸助軍興，樸上疏執不可而止。擢國子《毛詩》博士。」擢為國子博士的時間在乾寧初，直到乾寧三年升任為左諫議大夫、同中書門下平章事之前一直任祭酒，見《唐書》卷 63《宰相表下》，《通鑒》卷 260「昭宗乾寧三年七月」，《全唐文》卷 840《韓儀·授朱樸平章事制》，《唐大詔令集》卷 58《朱樸平章事制》以及兩《唐書·昭宗本紀》等。

崔德雍　　乾寧五年

　　　　《唐代墓誌彙編》乾寧 007《故右拾遺清河崔府君與滎陽鄭氏夫人合祔墓銘並序》第 2534 頁，「再房兄朝散大夫國子周易博士上柱國德雍書　府君諱□，字濟之，清河人也。地冑清高，門風儉肅，……以乾寧四年八月廿日，終於華州之官舍，享年三十有三。……（夫人）以大順元年正月廿四日寢疾，終於長安開化里，享年二十有八。……即以乾寧五年八月六日，合葬於河南府壽安縣甘爾鄉連里村，祔於先塋，禮也。」可知崔德雍寫此合祔墓銘時為乾寧五年。《全唐文補遺》第五冊《唐故進士清河崔府君（徵）墓銘並序》也由國子博士崔德雍撰寫，時間為乾寧年間。

歐陽特　　?～昭宗天祐元年

　　　　《舊唐書》卷 20 上《昭宗本紀》第 781 頁，「（昭宗天祐元年四月）戊申，敕今後除留宣徽兩院、小馬坊、封德庫、御廚、客省、閤門、飛龍、莊宅九使外，其餘並停。內園冰井公事委河南尹，仍不差內夫人傳宣。殺醫官閻祐之、國子博士歐陽特，言星讖也。」

王轂　　昭宗末

　　　　《唐才子傳校箋》卷 10《王轂》第 357～360 頁，「轂，字虛中，宜春人，自號臨沂子。……乾寧五年羊紹素榜進士，歷國子博士，後以郎官致仕。有詩三卷。於是宦進，俱素餐尸位、賣降恐後之徒，轂因撰《前代忠臣臨老不變圖》一卷，及《觀光集》一卷，並傳。」其中進士在乾寧五年，後歷國子博士，得以郎官致仕，這時宦達皆賣降

　　恐後，說明其任博士當在昭宗末年。又見《全唐詩》卷 694《王轂》。
此處統計國子博士共 62 個，尚有待考 12 個，共 74 個

三、廣文博士

卷一　唐玄宗

鄭虔　　天寶九載～肅宗初

　　　　《唐書》卷 202《鄭虔傳》第 5766 頁，「鄭虔，鄭州滎陽人。天
寶初，為協律郎，集綴當世事，著書八十餘篇。有窺其稿者，上書
告虔私撰國史，虔蒼黃焚之，坐謫十年。還京師，玄宗愛其才，欲
置左右，以不事事，更為置廣文館，以虔為博士。虔聞命，不知廣
文曹司何在，訴宰相，宰相曰：『上增國學，置廣文館，以居賢者，
令後世言廣文博士自君始，不亦美乎？』虔乃就職。」安祿山攻破
長安，被授予偽職，虔假託借有疾，肅宗平定叛亂後，被貶官。由
此可知廣文館因鄭虔而設，按兩《唐書・玄宗本紀》，廣文館設置時
間在天寶九載七月。

卷二　唐德宗

蕭曾　　貞元十六年前後

　　　　《全唐文補遺》第六輯《□仁勇校尉守左衛率府翊府翊衛蕭元
明墓誌》第 475 頁，記載，貞元十六年五月二日，蕭元明出生，其
父蕭曾時任廣文館博士日於上都國子監。《唐代墓誌彙編續集》元和
011《□□仁勇校尉守左衛率府翊府翊衛蕭元明墓誌》同，故知蕭曾
任廣文博士時間當在貞元十六年前後。

卷三　唐憲宗

張籍　　元和十三年

　　　　《韓昌黎文集校注》卷七《唐故中散大夫少府監胡良公墓神道
碑》第 466 頁，記載墓主胡珦死於開元十三年，其女婿吳郡張籍時
任廣文博士。

卷四　唐文宗

裴居實　開成元年

　　　　《唐代墓誌彙編續集》開成 002《（上泐 LE）裴咸墓誌銘有序》

第 925 頁，記載裴咸死於開成元年二月，由其季父朝議郎國子廣文博士上柱國裴居實書墓誌。

盧就　開成末～會昌初

　　　　《千唐誌齋藏誌》1118《唐故朝請大夫刑部郎中上柱國范陽陸府君（就）墓誌銘並序》第 1118 頁，「開成末，李公任宰相，以盧氏甥（就）有嫌，不得為御史、拾遺，旬月，除廣文館博士。會昌初，刑部侍郎弘宣出為東川節度使，即□君之從高祖兄也，奏假殿中侍御史充友使。」知盧就任廣文博士的時間在開成末至會昌初這段時間。又見《舊唐書》卷 24《禮儀志四》、《文獻通考》記錄會昌二年廣文博士盧就等議九宮貴神禮儀事。

卷五　唐武宗

苗紳　約武宗、宣宗時

　　　　《全唐文補遺》第六輯《唐故朝散大夫京兆少尹御使中丞苗府君（紳）墓誌銘並序》第 191 頁，記載「從□公於峴，仍蒙奏記。府罷，□授廣文博士。李公回自相府為全蜀，辟君支使。」按宰相李回全蜀事在宣宗大中初，故苗紳任廣文博士結束時間在宣宗時，推測其始任時間當在武宗會昌末。

卷六　唐宣宗

李彬　約宣、懿宗時？

　　　　《唐書》卷 70 上《宗室世系上》第 2015 頁，記載湖南觀察使、檢校右散騎常侍李叢之子李彬任國子廣文《春秋》博士。按《舊唐書‧宣宗本紀》李叢任官於宣宗時，宣宗大中十二年，他由蔡州刺史貶為邵州司馬。《因話錄》卷 6《羽部》則記載李叢大中九年任京兆尹時，其子李彬進士登第。推測李彬任廣文博士的時間當在宣宗、懿宗年間。

卷七　唐懿宗

李推賢　咸通中

　　　　《唐代墓誌彙編》乾符 013《唐故朝散大夫漢州刺史賜紫金魚袋李公墓誌銘並序》第 2481 頁，「……公諱推賢，字匡仁，趙郡西祖之後。……相國持權，諸侯累辟不就，常曰：仗當塗之力而

掛簪組，曷若罄生平所志而求遏於王公哉！古人恥沒世而名不稱，苟名不立，身亦何榮。其秉操也如是，愈為時人所重，竟奪其志，遂授秘書省校書武寧軍節度巡官。府罷，授河南省陸渾尉，直弘文館。秩滿，除國子廣文博士，依前直弘文。……懿宗皇帝寵愛其材，……以乾符三年十一月十七日，葬於京兆府萬年縣義善鄉大仟村鳳棲原。」按《新唐書》卷 65《方鎮表》武寧軍節度使府罷在咸通三年，而李推賢是在府罷之後，任河南省陸渾尉，秩滿後始任國子廣文博士，並得到懿宗皇帝的寵愛，推知任此職時間當在咸通年間。

此處統計廣文博士 8 人，尚有待考 1 人，共 9 人.

四、太學博士

卷一 唐高祖

陸德明　武德四年～貞觀初

　　　　《唐會要》卷 64《文學館》第 1117 頁，「武德四年十月，秦王既平天下，乃銳意經籍，於宮城之西開文學館，以待四方之士。於是以僚屬大行臺司勳郎中杜如晦、記室考功郎中房元齡及于志寧、軍咨祭酒蘇世長、安策府記室薛收、文學褚亮、姚思廉、太學博士陸德明、孔穎達、主簿李元道、天策倉曹李守素、記室參軍虞世南、參軍事蔡允恭、顏相時、著作佐郎攝天策記室許敬宗、薛元敬、太學助教蓋文達、軍咨典簽蘇勖等，並以本官兼文學館學士。」可見在開文學館之時陸德明已經是太學博士了。《舊唐書》卷 72《褚亮傳》同。

孔穎達　武德九年前

　　　　《全唐文》卷 4《太宗皇帝·置文館學士教》第 49 頁，「以大行臺司勳郎中杜如晦、記室考功郎中房元齡、于志寧、軍諮祭酒蘇世長、天策府記室薛收、文學褚亮、姚思謙、太學博士陸德明、孔穎達、主簿李道元……咸能垂裾邸第，委質藩維，引禮度而成典則，暢文詞而詠風雅，優游幕府。是用嘉焉。宜令並以本官兼文館學士。」按置文館學士在武德九年，孔穎達任太學博士在此前。又見《全唐文》卷 147《褚亮·十八學士贊》。

卷二 唐太宗

陸士季　貞觀初

　　　　《大唐新語》卷之六《友悌第十二》第 86 頁，「貞觀初，（陸士季）為太學博士而卒。」《唐書》卷 195《陸南金傳》略同。

王恭　　貞觀初

　　　　《舊唐書》卷 73《王恭傳》第 2603 頁，「王恭者，滑州白馬人也。少篤學，博涉《六經》。每於鄉閭教授，弟子自遠方至數百人。貞觀初，徵拜太學博士」。《唐書》卷 198《王恭傳》略同。

馬嘉運　貞觀十一年～？

　　　　《舊唐書》卷 73《馬嘉運傳》第 2603 頁，「（貞觀）十一年，召拜太學博士，兼弘文館學士，預修《文思博要》。嘉運以穎達所撰《正義》頗多繁雜，每掎摭之，諸儒亦稱為允當。高宗居春宮，引為崇賢館學士。」《唐書》卷 198《馬嘉運傳》同。

王德韶　貞觀十幾年

　　　　《全唐文》卷 146《孔穎達・毛詩正義序》第 1475 頁，「謹與朝散大夫行太學博士臣王德韶、徵仕郎守四門博士臣齊威等對共討論，辨詳得失。至十六年，又奉敕與前修疏人及給事郎守太學助教雲騎尉臣趙乾葉、登仕郎守四門助教劉騎尉臣賈普耀等，對敕使趙宏智覆更詳正，凡為四十卷。」《全唐文》卷 146《尚書正義序》略同。按孔穎達為祭酒時太學博士王德韶參預修撰《尚書正義》、《毛詩正義》，時間在貞觀十幾年。

卷三 唐高宗

史道玄（元）永徽二年）

　　　　《舊唐書》卷 21《禮儀志一》第 818 頁，「高宗初，議者以《貞觀禮》節文未盡，又詔太尉長孫無忌、中書令杜正倫李義府、中書侍郎李友益、黃門侍郎劉祥道許圉師、太子賓客許敬宗、太常少卿韋琨、太學博士史道玄、符璽郎孔志約、太常博士蕭楚材孫自覺賀紀等重加緝定，勒成一百三十卷。至顯慶三年奏上之，增損舊禮，並與令式參會改定，高宗自為之序。」據《唐會要》卷 37《五禮篇目》第 670 頁補正，時間在永徽二年，但此處稱史道元。

李玄植　高宗永徽初

　　《新唐書》卷 57《藝文志一》第 1428 頁，《尚書正義》二十卷注釋：「太尉揚州都督長孫無忌，司空李勣，左僕射于志寧，右僕射張行成，吏部尚書侍中高季輔，吏部尚書褚遂良，中書令柳奭，弘文館學士谷那律、劉伯莊，太學博士賈公彥、范義頵、齊威，太常博士柳士宣、孔志約，四門博士趙君贊，右內率府長史弘文館直學士薛伯珍，國子助教史士弘，太學助教鄭祖玄、周玄達，四門助教李玄植、王真儒與王德韶、隋德素等刊定。」刊訂時間在高宗永徽初，不久即升任太學博士。《唐代墓誌彙編》大曆 062《有唐朝散大夫守汝州長史上柱國安平縣開國男贈衛尉少卿崔公墓誌》記載了崔暟為太學博士李玄植置辦宅子的時間，約在高宗初。

賈公彥　永徽中

　　《舊唐書》卷 189 上《賈公彥傳》第 4950 頁，「賈公彥，洺州永年人。永徽中，官至太學博士。」《唐書》卷 198《賈公彥傳》、《全唐文》卷 163《賈公彥》略同。

范義頵　永徽四年

　　《全唐文》卷 136《長孫無忌・進五經正義表》第 1375 頁，永徽四年長孫無忌上奏五經正義表時署參撰者，有太學博士范義頵。又見《新唐書》卷 57《藝文志一》注。

齊威　永徽四年

　　《全唐文》卷 136《長孫無忌・進五經正義表》第 1375 頁，永徽四年長孫無忌上奏五經正義表時署參撰者，有太學博士齊威。又見《新唐書》卷 57《藝文志一》注。

史玄璨　上元三年

　　《唐書》卷 122《韋安石傳》第 4359 頁，「高宗上元三年，將祫享。議者以《禮緯》三年祫，五年禘；公羊家五年再殷祭。二家舛互，諸儒莫能決。太學博士史玄璨議曰：『《春秋》：僖公三十三年十二月薨。文公之二年八月丁卯，大享。……』議遂定。」《新唐書》卷 13《禮樂志》、《舊唐書》卷 26《禮儀志六》略同。

羅道琮　高宗末

　　《舊唐書》卷 189 上《羅道琮傳》第 4957 頁，「高宗末，（羅道

琮）官至太學博士。每與太學助教康國安、道士李榮等講論，為時所稱。尋卒」《新唐書》卷 198《羅道琮傳》略同。

卷四　武則天

賈玄贊　高宗末至垂拱元年

　　《唐代墓誌彙編》垂拱 007《大□故朝散大夫行大學博士賈府君殯記》第 732 頁，「君諱玄贊，字沖思，廣川人也……廿一年，以明經擢第，初任洛州博士，尋除大學國子等助教，又遷大學博士及詳正學士。嗣聖初，授朝散大夫行大學博士仍於弘文館教王子讀書。……□□□年六月七日終於神都時邑里之私第，春秋六十有一。」考證其死之年為垂拱元年，按《唐代墓誌彙編》天寶 227《唐故沂州丞縣令賈君墓誌銘並序》第 1689 頁，其子賈欽惠墓誌：「公彥考太學博士詳正學士」，《千唐誌齋藏誌》887《唐故沂州丞縣丞賈君（欽惠）墓誌銘並序》同。知玄贊垂拱元年卒時官為太學博士。

康國安　武則天初？

　　《唐書》卷 60《藝文志四》第 1602 頁，《康國安集》注釋曰，「（康國安）以明經高第直國子監，教授三館進士，授右典戎衛錄事參軍，太學崇文助教，遷博士、白獸門內供奉、崇文館學士。」按《舊唐書》卷 189 上《羅道琮傳》，高宗末康國安任太學助教，因此推測其升任博士的時間可能在武則天初。

郭山惲　聖曆元年～長安三年前

　　《唐會要》卷 12《明堂制度》第 291 頁，「聖曆元年閏臘月十九日制：『每月於明堂行告朔之禮』。司禮博士閻仁謂、班思簡等奏議：……上又令春官廣集眾儒，取方慶所奏，議定得失。當時大儒成均博士吳陽吾、太學博士郭山惲奏曰：『臣等謹按《周禮》、《禮記》……望依方慶議，用四時孟月朔日。』」《唐會要》卷 77《貢舉下·論經義》第 1405 頁，「長安三年三月，四門博士王元感，表上《尚書糾謬》十卷、《春秋振滯》二十卷、《禮記繩愆》三十卷，並所注《孝經》、《史記》、《漢書》槁，請官給紙筆。寫上秘閣，制令宏文崇文兩館學士及成均博士，詳其可否。宏文館學士祝欽明、崇文館學士李憲、趙元亨、成均博士郭山惲，皆專守先儒章句，深譏元感捨擄舊義。」按長安三年已經是成均博士，任太學博士在此前。

吳思玄　天后朝

　　　　《太平廣記》卷 104《吳思玄》第 701 頁，「唐吳思玄，天后朝
　　　　為太學博士，信釋氏，持《金剛經》日兩遍，多有靈應。」

吳揚昊　天后朝

　　　　《全唐文》卷 165《吳揚昊》第 1680 頁，「（吳）揚昊，成均監
　　　　太學博士。」按國子監稱為成均監，時間從光宅元年至神龍元年，
　　　　既然吳揚昊任國子監太學博士，時間當在武則天朝。

卷五 唐玄宗

侯行果　開元十二年

　　　　《舊唐書》卷 23《禮儀志三》第 895 頁，「（開元十二年）考功
　　　　員外郎趙冬曦、太學博士侯行果曰：『先焚者本以降神，行之已久。
　　　　若從祭義，後焚為定。』」《唐會要》卷 64《集賢院》第 1119 頁，「（開
　　　　元）十三年四月五日。因奏封禪儀注。敕中書門下及禮官學士等……
　　　　太學博士侯行果、四門博士敬會直、右補闕馮騭、并侍講學士。」
　　　　與《唐會要》卷 64《集賢院》記載同，但時間有別，《唐會要》記載
　　　　為開元十三年。

敬會真　開元十五年

　　　　《全唐文補遺》第二輯《平陽郡故敬府君（覺）墓誌銘》第 475
　　　　頁，「府君諱覺，字德峻，平陽晉人也。……享年七十有四，以萬歲
　　　　通天二年，寢疾終於洛州河南縣之里也。粵以大唐開元十五年歲丁
　　　　卯十月五日，合葬於河南縣河陰鄉之原，禮也。……嗣子朝散大夫、
　　　　行國子監太學博士、集賢院侍講學士會真，以先君弈世貽慶，故後
　　　　嗣高門象賢。」《唐代墓誌彙編》開元 267《平原郡故敬府君墓誌銘
　　　　並序》、《千唐誌齋藏誌》678《平陽郡故敬府君（覺墓誌銘並序）》
　　　　同。

蕭鄩客　天寶四載

　　　　《金石萃編》卷 87《石臺孝經·孝經序》第 1 頁，天寶四載九
　　　　月一日國子祭酒上柱國臣李齊古上奏御製孝經序並注中，列舉參與
　　　　修撰人員有「朝散郎守大學博士兼諸王侍讀臣蕭鄩客」。

余欽　玄宗時

　　　　《唐書》卷 199《馬懷素傳》第 5681 頁，「（余）欽至太學博

士、集賢院學士。」按《唐會要》卷 64《集賢院》開元十三年時余欽仍然是太學助教，因此推測其之後升任太學博士的時間當在玄宗時。

卷六　唐德宗

施士丐　貞元？年～貞元十八年

《韓昌黎文集校注》卷 5《施先生墓銘》第 350 頁，「貞元十八年十月十一日，太學博士施先生士丐卒。其僚太原郭伉買石誌其墓，昌黎韓愈為之辭曰：……先生年六十九，在太學者十九年。由四門助教為太學助教，由助教為博士；太學秩滿當去，諸生輒拜疏乞留。或留或遷，凡十九年不離太學。」《全唐文》卷 566《韓愈·施先生墓銘》同。施士丐在太學任職達十九年，即貞元元年任四門助教至貞元十八年任太學博士總共十九年。

卷七　唐憲宗

杜冀　元和五年

《全唐文》卷 566《韓愈·中散大夫河南尹杜君墓誌銘》第 5729 頁，「元和四年十一月二十二日，無疾暴薨，年六十。明年二月甲午，從葬懷州。夫人常山郡君張氏，彭州刺史贈禮部侍郎薦之女。生子男三人：柔立為天長主簿，詞立為壽州參軍，誼立為順宗挽郎；女一人。將葬，公之母兄太學博士冀與公之夫人及子男女謀曰：『葬宜有銘，凡與吾弟遊而有文者誰乎？』遂來請銘。」《韓昌黎文集校注》卷 6《碑誌·故中散大夫河南尹杜君墓誌銘》同。

陸亙　元和七年

《舊唐書》卷 164《楊於陵傳》第 4293 頁，「（元和）七年，吏部尚書鄭餘慶以疾請告，乃復置考判官，以兵部員外郎韋顥、屯田員外張仲素、太學博士陸亙等為之。」按兩《唐書》本傳對此無記載。

陳舒　元和七年

《唐會要》卷 19《百官家廟》第 388 頁，「（元和）七年十一月，太子少傅判太常卿事鄭餘慶建立私廟，將祔四代神主。廟有二夫人，疑於祔配，請禮院詳議定。修撰官太學博士韋公肅議曰：『古者一娶

九女，所以於廟無二嫡。自秦漢以下，不行此禮……」以問太學博士陳舒，議以妻雖先歿，榮辱並隨夫也。禮祔於祖姑，祖姑有三人，則各祔舅之所生，如其禮意，三人皆夫人也。秦漢以來，諸侯不復一娶九女，既生娶以正禮，歿不可貶，自後諸儒。咸用舒議。……於禮為宜。」《新唐書》卷 200《韋公肅傳》同。

韋公肅　元和九年？

《唐會要》卷 23《祭日》第 448 頁，「元和九年正月，修撰官太學博士韋公肅上疏曰：『準禮，無忌月禁樂，今太常及教坊。……亦皆禁斷，準禮文及歷代典故，並無忌月禁樂，請依常教習者，敕旨宜依。其士庶之家，亦宜準此。」《唐會要》卷 19《百官家廟》第 388 頁，「（元和）七年十一月，太子少傅判太常卿事鄭餘慶建立私廟，將祔四代神主。廟有二夫人，疑於祔配，請禮院詳議定。修撰官太學博士韋公肅議曰：『古者一娶九女，所以於廟無二嫡。自秦漢以下，不行此禮……」按《新唐書》本傳記載此事發生時韋公肅官居太常博士而非太學博士，「學」為「常」之誤。疑韋公肅元和九年任太學博士是否屬實。

卷八　唐穆宗

李於　長慶三年

《韓昌黎文集校注》卷 7《故太學博士李君墓誌銘》第 553 頁，「太學博士頓邱李於，余兄孫女婿也。年四十八，長慶三年正月五日卒。」《全唐文》卷 564《韓愈・太學博士李君墓誌銘》同。

卷九　唐敬宗

李涉　寶曆元年

《舊唐書》卷 17《敬宗本紀》第 517 頁，「（敬宗寶曆元年十月）甲子，三司鞫武昭獄得實，武昭及弟匯、役人張少騰宜付京兆府決，河陽節度掌書記李仲言配流象州，匯流崖州，太學博士李涉流康州，皆坐武昭事也。」《舊唐書》卷 167《李逢吉傳》略同。但《全唐文》卷 693《李涉》、《唐詩紀事》卷 46《李涉》均記載李涉任太學博士在太和中，與正史記載不符，且《全唐文》將李涉流康州事記為太和時事，實為誤。

卷十 唐文宗

吳武陵　太和初～太和中

《唐摭言》卷 6《公薦》第 118 頁,「崔郾侍郎既拜命,於東都試舉人,三署公卿皆祖於長樂傳舍,冠蓋之盛,罕有加也。時吳武陵任太學博士,策蹇而至。郾聞其來,微訝之,乃離席與言。武陵曰:『侍郎以峻德偉望,為明天子選才俊,武陵敢不薄施塵露!向者,偶見太學生十數輩,揚眉抵掌,讀一卷文書,就而觀之,乃進士杜牧《阿房宮賦》。若其人,真王佐才也,侍郎官重,必恐未暇披覽。』」《唐詩紀事》卷 43《吳武陵》、《唐才子傳》卷 6《杜牧》等記載略同,同時《唐才子傳》考證吳武陵薦杜牧時間在太和二年。

卷十一 唐武宗

鄭遂　會昌六年

《舊唐書》卷 26《禮儀志六》第 987 頁,「(武宗會昌六年三月)太學博士直弘文館鄭遂等七人議曰:「夫論國之大事,必本乎正而根乎經,以臻於中道。聖朝以廣孝為先,以得禮為貴,……皇帝有事於洛,則奉齋車載主以行。」《唐會要》卷 16《廟議下》記載此事發生在會昌五年。《全唐文》卷 791《鄭遂》第 8282 頁,「(鄭)遂,會昌六年官太學博士。直宏文館。」

卷十二 唐宣宗

石貫　大中四年

《太平廣記》卷 351《王坤》第 2778 頁,「太原王坤,大中四年春為國子博士。有婢輕雲,卒數年矣。一夕,忽夢輕雲至榻前,坤甚懼,起而訊之。……坤素與太學博士石貫善,又同里居,坤因與偕行至貫門,而門已鍵閉。」《太平廣記》轉引自《宣室志》。

李商隱　大中時

《舊唐書》卷 190 下《李商隱傳》第 5078 頁,「大中初,白敏中執政,令狐綯在內署,共排李德裕逐之。亞坐德裕黨,亦貶循州刺史。商隱隨(鄭)亞在嶺表累載。三年入朝,京兆尹盧弘正奏署掾曹,令典箋奏。明年,令狐綯作相,商隱屢啟陳情,綯不之省。弘正鎮徐州,又從為掌書記。府罷入朝,復以文章干綯,乃補太學

博士。」《新唐書》卷 203《李商隱傳》、《唐才子傳》卷 7《李商隱》
略同。《全唐五代詞》卷 5《李商隱》記載時間在大中五年。

万俟鎔　大中十三年前

　　　　《全唐文補遺》第二輯中第 65 頁，万俟鎔撰《唐故朝議郎成都
府犀浦縣令京兆田府君（行源）墓誌銘並序》，十三年七月十五日田
行源歿於犀浦縣官舍，其年十二月葬，由万俟鎔撰墓誌，万撰此誌
時署名將仕郎、前守國子監太學博士。

韋從易　約宣宗、懿宗時期

　　　　《唐書》卷 74 上《宰相世系表四上》第 3049 頁：「（韋）方憲，
台州刺史。（長子）鈞，福建觀察判官。（次子）從易，國子太學博
士。」父子兩《唐書》無傳，韋從易堂姪韋保衡，《舊唐書》卷 177
《韋保衡傳》第 4602 頁，「韋保衡者，字蘊用，京兆人。祖元貞，
父慤，皆進士登第。慤字端士，大和初登第，後累佐使府，入朝亟
歷臺閣。大中四年，拜禮部侍郎。五年選士，頗得名人，載領方鎮
節度，卒。」按韋保衡的父親韋慤與韋從易為堂兄弟，大約時代相
差不遠，因此推測韋從易任太學博士可能在宣宗、懿宗時期。

卷十三　唐懿宗

賈洮　咸通十年左右

　　　　《千唐誌齋藏誌》1189《唐故朝議朗河南府戶曹參軍柱國長樂
賈府君（洮）墓誌銘並序》第 1189 頁，「維咸通十四年夏五月六日，
前河南府戶曹參軍賈公遘疾終於上都長安縣豐樂里廢開業寺，享年
五十一。其年八月廿八日，窆於萬年縣寧安鄉姜尹村，……公諱洮
字德川。穎川陳氏夫人，散騎常侍諫之女，之出伯仲四人，公其長
也。公幼有節，聰敏過人，弱歲入太學，入登三史第，爾後丁穎川
夫人之艱，服闋數載，解褐為閺鄉縣主簿，秩滿，吏部奏為經學考
試官，除廣文助教，受代，調為太學博士，又調為河南府戶曹參軍。
時洛川大饑，公府無俸，棄而西歸，二年而卒。」按公由太學博士
調為河南府戶曹參軍時因公府無俸棄而西歸，二年後卒，按死亡時
間在咸通十四年，其由博士調為戶曹參軍的時間當在咸通十二年左
右，因此其任博士的時間可能在咸通十年前後。

卷十四　唐昭宗

崔騰　　乾寧二、三年前後

《唐代墓誌彙編續集》乾寧 003《唐故刑部尚書崔公府君墓誌並序》第 1160 頁，記載刑部尚書崔凝墓誌，「（崔凝）以乾寧二年八月廿五日薨於郡舍，享年五十有八。以來年八月十八日窆於河南府偃師縣亳邑鄉土婁管姜村」。《全唐文補遺》第六輯《唐故刑部尚書崔公府君（凝）墓誌並序》同。寫墓誌者即崔凝的侄子時任太學博士的崔騰，時間當在乾寧二、三年前後。

趙鴻　　晚唐（大概宣宗之後）

《全唐詩》卷 589《李頻·和太學趙鴻博士歸蔡中》第 6836 頁，按李頻大中八年進士及第，作此詩當在宣宗之後。

此處統計太學博士 38 人，尚有待考 2 人，共 40 人。

五、四門博士

卷一　唐太宗

楊士勳　　貞觀十六年前

《全唐文》卷 146《孔穎達·春秋正義序》第 1478 頁，「謹與朝請大夫守國子博士臣谷那律、故四門博士臣楊士勳、四門博士臣朱長才等對共參定。至十六年，又奉敕與前修疏人及朝散大夫行太常博士上騎都尉臣馬嘉運、……登仕郎守太學助教雲騎尉臣隨德素等對敕使趙宏智覆更詳審，為之正義，凡三十六卷，冀貽諸學者，以裨萬一焉。」《文苑英華》卷 735《孔穎達·春秋正義序》同。按孔穎達記載其與故四門博士楊士勳參定《春秋》在覆更詳審之前，而與其他官員覆審時間在貞觀十六年，因此確定故四門博士楊士勳任職時間當在貞觀十六年前。

蘇德融　　貞觀十六年

《全唐文》卷 146《孔穎達·易正義序》第 1473 頁，「至（貞觀）十六年，又奉敕與前修疏人及給事郎守四門博士上騎都尉臣蘇德融等對敕使趙宏智覆更詳審，為之正義，凡十有四卷。」《唐書》卷 57《藝文志一》略同。又見《全唐文》卷 146《尚書正義序》第 1474 頁，「至（貞觀）十六年，又奉敕與前修疏人及通直郎行四門博士驍

騎尉臣朱長才、給事郎守四門博士上騎都尉臣蘇德融、登仕郎守太
學助教雲騎尉臣隨德素、儒林郎守四門助教雲騎尉臣王士雄等對敕
使趙宏智覆更詳審，為之正義，凡二十卷。」《唐書》卷 57《藝文志
一》略同。

趙弘智　貞觀十六年

　　　　《新唐書》卷 106《趙弘智傳》第 4043 頁，「趙弘智，河南新安
人，元魏車騎大將軍肅之孫。……太宗時，豫論撰，錄勤，繇太子
舍人進黃門侍郎，兼弘文館學士。」可知趙弘智於太宗貞觀年間參
與了修撰。《唐書》卷 57《藝文志一》第 1426 頁，《周易正義》十六
卷注釋曰：國子祭酒孔穎達　顏師古　司馬才章　王恭、太學博士馬嘉
運、太學助教趙乾葉　王談　于志寧等奉詔撰，四門博士蘇德融　趙弘
智覆審。」按《全唐文》卷 146《孔穎達‧易正義序》注明《周易正
義》成書年代在貞觀十六年，趙弘智時任四們博士。

朱長才　貞觀十六年

　　　　《全唐文》卷 146《尚書正義序》第 1474 頁，「至十六年，又奉
敕與前修疏人及通直郎行四門博士驍騎尉臣朱長才、給事郎守四門
博士上騎都尉臣蘇德融、登仕郎守太學助教雲騎尉臣隨德素、儒林
郎守四門助教雲騎尉臣王士雄等對敕使趙宏智覆更詳審，為之正
義，凡二十卷。」《唐書》卷 57《藝文志一》《尚書正義》注釋略同。
又見《全唐文》卷 146《春秋正義序》、《文苑英華》卷 735《孔穎達‧
春秋正義序》。

趙君贊　貞觀十六年

　　　　《唐書》卷 57《藝文志一》第 1428 頁，《尚書正義》注釋，「國
子祭酒孔穎達、太學博士王德韶、四門助教李子雲等奉詔撰。四門
博士朱長才蘇德融、太學助教隋德素、四門助教王士雄趙弘智覆
審。太尉揚州都督長孫無忌、司空李勣、左僕射于志寧、右僕射張
行成、吏部尚書侍中高季輔、吏部尚書褚遂良、中書令柳奭、弘文
館學士谷那律劉伯莊、太學博士賈公彥范義頵齊威、太常博士柳士
宣孔志約、四門博士趙君贊、右內率府長史弘文館直學士薛伯珍、
國子助教史士弘、太學助教鄭祖玄周玄達、四門助教李玄植王真儒
與王德韶、隋德素等刊定。」又見《全唐文》卷 146《孔穎達‧禮

記正義序》、《全唐文》卷 136《長孫無忌·進五經正義表》。

卷二 武則天

王元感　登封元年～中宗即位後

《唐書》卷 199《王元感傳》第 5666 頁，「武后時，已郊，遂享明堂，封嵩山，詔與韋叔夏等草儀具，眾推其練洽。轉四門博士，仍直弘文館。年雖老，讀書不廢夜。所撰《書糾謬》、《春秋振滯》、《禮繩愆》等凡數十百篇，長安時上之，丐官筆楮寫藏秘書。……魏知古見其書，歎曰：『《五經》指南也。』而徐堅、劉知幾、張思敬等惜其異聞，每為助理，聯疏薦之，遂下詔褒美，以為儒宗。拜太子司議郎兼崇賢館學士。中宗以東宮官屬，加朝散大夫，卒。」按其在議登封嵩山禮儀時被封四門博士，時間在登封元年，《唐會要》卷 77《論經義》記載其長安三年任四門博士時曾上所撰書，說明直至長安三年仍然為博士，因此推測直至中宗即位後才改任他官。又見《舊唐書》本傳及《唐會要》卷 37《服紀上》。

賀知章　武則天末？

《舊唐書》卷 190 中《賀知章傳》第 5033 頁，「賀知章，會稽永興人，太子洗馬德仁之族孫也。少以文詞知名舉進士。初授國子四門博士，又遷太常博士，皆陸象先在中書引薦也。」《唐才子傳》卷 3《賀知章》略同。按賀知章中進士在證聖初，此後初授四門博士可能在武則天末年。

卷三 唐玄宗

師夜光　開元初

《唐書》卷 204《方技傳·師夜光》第 5811 頁，「夜光者，薊州人，少為浮屠。至長安，因九仙公主得召見溫泉，帝奇其辯，賜冠帶，授四門博士，賜緋衣、銀魚、金繒千數，得侍左右如幸臣。」《宣室志·師夜光》略同。可知師夜光本為僧人，其為四門博士原因在於玄宗即位初好神仙方術，見《舊唐書》卷 191《張果傳》第 5106 頁，「玄宗初即位，親訪理道及神仙方藥之事，及聞變化不測而疑之。有邢和璞者，善算人而知夭壽善惡，玄宗令算果，則懵然莫知其甲子。又有師夜光者，善視鬼，玄宗召果與之密坐，令夜光視之，夜

光進曰：「果今安在？」夜光對面終莫能見。」可見玄宗好神仙事在開元初，夜光為博士當在此時。

張星　　開元四年

　　《舊唐書》卷98《盧懷慎傳》第3069頁，「（開元）四年，兼吏部尚書。其秋，以疾篤，累表乞骸骨，許之。旬日而卒，贈荊州大都督，謚曰文成。……（盧）懷慎清儉，不營產業，器用服飾，無金玉綺文之麗。所得祿俸，皆隨時分散，而家無餘蓄，妻子匱乏。及車駕將幸東都，四門博士張星上言：『懷慎忠清直道，終始不虧，不加寵贈，無以勸善。』乃下制賜其家物壹伯（佰）段、米粟貳伯（佰）石。」《唐書》卷126《盧懷慎傳》略同。

孔璲之　　開元五年

　　《金石萃編》卷85《兗公頌・兗公之頌》第5頁，後按語中有《山左金石志》考證：「考闕里世系孔子三十五代孫璲之字藏暉開元五年襲封襃聖侯授國子監四門博士」。開元五年孫璲之襲封文宣公事，又見《全唐文》卷24《玄宗・命孔璲之襲封文宣公制》。

敬會真　　開元十三年

　　《唐書》卷200《康子元傳》第5701頁，「開元初，詔中書令張說舉能治《易》、《老》、《莊》者，集賢直學士侯行果薦（康）子元及平陽敬會真於說，說藉以聞，並賜衣幣，得侍讀。子元擢累祕書少監，會真四門博士，俄皆兼集賢侍講學士。」《唐會要》卷八《郊議》略同。可知開元初敬會真被張說薦舉為侍讀，後遷為四門博士，時間當在開元中。又見《唐會要》卷64《集賢院》第1119頁，「（開元）十三年四月五日，因奏封禪儀注，敕中書門下及禮官學士等，賜宴於集仙殿。上曰：『今與卿等賢才，同宴於此，宜改集仙殿麗正書院為集賢院。』乃下詔曰：『……太學博士侯行果。四門博士敬會直。右補闕馮騭。並侍講學士。』」

趙玄默　　開元十三年

　　《唐會要》卷64《集賢院》第1119頁，「（開元）十三年四月五日，因奏封禪儀注，敕中書門下及禮官學士等，賜宴於集仙殿。上曰：『今與卿等賢才，同宴於此，宜改集仙殿麗正書院為集賢院。』乃下詔曰：『……太學助教余欽、四門博士趙元默、校書郎孫季良、

并直學士，太學博士侯行果、四門博士敬會直、右補闕馮騭、并侍
講學士。』」除此直接證明的史料外，兩《唐書・東夷傳》中均有開
元初趙以四門助教身份就鴻臚寺教日本使者的記載，故推之開元十
三年遷為四門博士是很可能的。

張諤　　開元二十八年左右

　　　　《唐代墓誌彙編》開元 514《唐故潁王府錄事參軍郜君墓誌銘並
序》第 1508 頁，府主郜崇烈墓誌由張諤撰寫，其署名為國子監四門
博士張諤，按郜崇烈：「春秋六十有四，遘疾彌留，終於洛陽感德里
之私第室，時開元廿有八祀五月八日也。即以其年龍集庚辰七月廿
有二日丙午，遷於北邙之南原。」《全唐文補遺》第一輯《唐故潁王
府錄事參軍郜君（崇烈）墓誌銘並序》同，因此確定張諤人博士時
間當在開元二十八年前後。

劉齊會　　天寶四載

　　　　《金石萃編》卷 87《石臺孝經・孝經序》第 2 頁，天寶四載九
月一日銀青光祿大夫國子祭酒上柱國臣李齊古上奏，所列參與修撰
名單中有：「朝散郎守大學博士兼諸王侍讀臣蕭郢客、朝散郎守四門
博士兼諸王侍讀臣任巋、承奉郎守四門博士臣劉齊會、朝議郎行四
門助教臣梁德裕……」

任巋　　天寶四載

　　　　《金石萃編》卷 87《石臺孝經・孝經序》第二頁，天寶四載九
月一日銀青光祿大夫國子祭酒上柱國臣李齊古上奏，所列參與修撰
名單中有：「朝散郎守大學博士兼諸王侍讀臣蕭郢客、朝散郎守四門
博士兼諸王侍讀臣任巋、承奉郎守四門博士臣劉齊會、朝議郎行四
門助教臣梁德裕……」

歸崇敬　　天寶中

　　　　《新唐書》卷 164《歸崇敬傳》第 5035 頁，「天寶中，舉博通
墳典科，對策第一，遷四門博士。」又見《柳宗元集》卷 26《記
官署》注釋。按《舊唐書》本傳中有歸崇敬的任職經歷，有四門
助教、國子司業的經歷，推測在四門助教之後所任之官當為四門
博士。

卷四 唐德宗

韋渠牟　貞元八年～貞元十二年

《全唐文》卷506《權德輿・唐故太常卿贈刑部尚書韋公墓誌銘並序》第5146頁，「（貞元）八年，大成均表其名經可領學徒，遷四門博士。十二年夏，承詔與近臣名儒緇黃大士講議於麟德殿，上以為能，拜秘書郎，尋獻詩七百字，極其文采。」又見《全唐文》卷623《韋渠牟》、《通鑒》卷235「德宗貞元十二年四月」及兩《唐書》本傳。

韓愈　貞元十八年～貞元十九年

《韓昌黎文集校注》卷2《上李尚書書》第141頁，「愈來京師，於今十五年」此句注釋為「此書稱「將仕郎前守四門博士」，退之以貞元十八年授國子四門博士，十九年拜監察御史。作此書時，蓋已罷博士，而未授御史，正十九年也。」又見《新唐書》卷200《陳京傳》，及兩《唐書》本傳。

卷五 唐憲宗

周況　元和十一年

《韓昌黎文集校注》卷7《四門博士周況妻韓氏墓誌銘》第558頁，「（韓）愈於時為博士，乞分教東都生，以收其孥於開封界中教畜之，而歸其長女於周氏況。……韓氏嫁九年，生一男一女，年二十七以疾卒。」按韓愈任國子博士分教東都時間在元和三年，此年將姪女韓好好嫁給周況，韓氏嫁九年而卒，時間當在元和十一年，其時韓愈任中書舍人，而周況任四門博士。《全唐文》卷564《韓愈・四門博士周況妻韓氏墓誌銘》同。又見《全唐詩》卷342《韓愈・晚寄張十八助教周郎博士》等等。

卷六 唐穆宗

孔溫質　長慶四年

《韓昌黎文集校注》卷7《唐正義大夫尚書左丞孔公墓誌銘》第533頁，韓愈為正義大夫孔戣作墓誌，時孔戣長子溫質任四門博士，按孔戣死亡的時間為長慶四年正月，其年八月安葬，因此韓愈作墓誌銘時間當在此時。《全唐文》卷563《正義大夫尚書左丞孔公墓誌

銘》同。

卷七　唐昭宗

黃滔　　光化中

《全唐文》卷 822《黃滔》第 8658 頁，「（黃）滔字文江，泉州
莆田人。乾寧二年進士，光化中除四門博士。天復元年受王審知辟，
以監察御史裏行充威武軍節度推官。」又見《新唐書》卷 60《藝文
志四》注釋。

江夏君　　天復元年

《文苑英華》卷 707《羅隱·陳先生集後序》第 3648 頁，「潁川
陳先生，諱黯，字希孺。曩者與予聲跡相接於京師，各獲譽於進
取。……天復元年，四門博士江夏君通家相好於吳越。」

此處統計四門博士 22 人，尚有待考 2 人，共 24 人。

附錄二

表一　國子祭酒表

時期	姓名	籍貫	遷入前的官	遷出後的官	出身	任職時間	記載確切時間的史料	時間記載不確切的史料
唐高祖	韋澄	京兆杜陵				武德初	1、《彙編》開元071 2、《續集》建中007 3、《舊》卷75《韋雲起傳》 4、《文苑英華》卷922《贈邠州刺史韋公神道碑》	
唐太宗	楊師道	弘農華陰						1、《金石萃編》卷41《唐一》 2、《全唐文》卷138《孔子廟堂碑》
	蕭璟	蘭陵		太常卿		貞觀十二年	《補遺》第一輯《貞觀十二年封虢王李鳳虢州刺史詔書刻石》	
	孔穎達	冀州衡水	左散騎常侍	國子祭酒致仕	明經	貞觀十二年～貞觀十七年	1、《金石萃編》卷41《曲阜憲公孔公碑銘》 2、《全唐文》卷145 3、《舊》卷73《孔穎達傳》 4、《舊》卷24《禮儀志四》 5、《新》卷15《禮儀志五》	1、《冊府元龜》卷606《學校部·注釋》 2、《冊府元龜》卷608《學校部·刊校》 3、《新》卷198《孔穎達傳》
	趙弘安	洛州新安		終國子祭酒				《新》卷106《趙弘智傳》

	張後允	蘇州崑山人	燕王府司馬	散騎常侍		貞觀二十一年	1、《登科記考記考》卷1「貞觀二十一年」 2、《新》卷15《禮儀志五》 3、《唐會要》卷35《釋奠》	1、《金石萃編》卷51《張允碑》 2、《舊》卷189《儒學上》 3、《新》卷198《張後胤傳》 4、《新》卷72《宰相世系表》 5、《彙編》開元402、開元519 5、《全唐文》卷153
唐高宗	趙弘智	洛州新安人	陳王師	終於國子祭酒	流外官	永徽四年	1、《新》卷106《趙弘智傳》	1、《舊》卷188《孝友傳》 2、《大唐新語》卷之六《舉賢第13》
	令狐德棻	宜州華原	太常卿	國子祭酒致仕		永徽四年～龍朔二年	1、《金石萃編》卷57《唐十七》 2、《舊》卷73《令狐德棻傳》 3、《舊》卷65《長孫無忌傳》	1、《新》卷75《宰相世系表》 2、《新》卷102《令狐德棻傳》 3、《舊》卷91《張柬之傳》 4、《唐詩紀事》卷第六
	陸敦信	蘇州吳	左僕射兼檢校右相	終大司成（國子祭酒）		龍朔二年至麟德二年乾封元年至？	1、《新》卷61《宰相表上》 2、《通鑑》卷201「高宗乾封元年四月」 3、《舊》卷5《高宗本紀下》	1、《舊》卷189《陸德明傳》 2、《新》卷19《儒學上》
	楊思玄	弘農華陰				龍朔二年之後	《唐會要》卷74《選部上》	1、《舊》卷62《楊思恭傳》 2、《全唐詩》卷102《楊思玄》

武則天當政（高宗死後至武則天下臺）	郭正一	定州彭城	中書侍郎同中書門下平章事	晉州刺史	進士	弘道元年～垂拱初	1、《通鑑》卷203「高宗弘道元年十二月」 2、《新》卷61《宰相表上》	1、《新》卷106（郭正一傳） 2、《舊》卷190《文苑傳》 3、《全唐文》卷168《郭正一》 4、《補遺》第一輯《大唐故右威衛將軍上柱國安府君（元壽）墓誌銘並序》 5、《續集》光宅〇〇三
	李嶠	趙州贊皇	鳳閣鸞臺平章事	地官尚書	進士	久視元年～長安四	1、《舊》卷6《則天皇后本紀》 2、《舊》卷94《李嶠傳》 3、《通鑑》卷207「則天后久視元年七月」、「則天后長安四年十一月」 4、《舊》卷85《張文瓘傳》 5、《新》卷4《則天皇后本紀》 6、《新》卷123《李嶠傳》	1、《舊》卷102《徐堅傳》 2、《文苑英華》卷577《讓成均祭酒表》 3、《文苑英華》卷588《李嶠·謝加授通議大夫表》 4、《大唐新語》卷之八 5、《全唐文》卷242《李嶠》、卷244《讓成均祭酒表》
	朱敬則	亳州永城	同鳳閣鸞臺平章事	冬官（工部）侍郎	徵召	長安四年二月		1、《新》卷115《朱敬則傳》 2、《全唐文》卷170《朱敬則》 3、《舊》卷90《朱敬則傳》
	韋嗣立	京兆	鳳閣侍郎、同平章事	洺州刺史	進士	長安四年十二月	1、《新》卷61《宰相表上》 2、《通鑑》卷207「則天后長安四年十二月」	1、《舊》卷88《韋嗣立傳》 3、《新》卷116《韋思謙傳》

	李重福	隴西		左散騎常侍	宗室	長安四年～神龍元年之間		《舊》卷86《中宗諸子傳》
	楊溫玉	華州華陰						1、《新》卷71《宰相世系表》2、《舊》卷90《楊再思傳》3、《舊》卷119《楊綰傳》
	沈伯儀	湖州吳興武康						1、《補遺（二）》《唐故右金吾冑曹參軍沈君夫人墓誌銘並序》（《彙編》同）2、《全唐文》卷208《沈伯儀》2、《新》卷199《儒學中》3、《彙編》開元536（《補遺》第二輯第525頁與此同）4、《補遺（二）》《大周故左衛翊衛沈君墓誌銘》
唐中宗（武則天下臺後）	武三思	并州文水		鴻臚卿	宗室			1、《文苑英華》卷397《授武三思鴻臚卿制》2、《全唐文》卷962《授武三思鴻臚卿制》
	裴異	絳州聞喜			外戚駙馬都尉	神龍元年		《新》卷71《宰相世系表》
	祝欽明	京兆始平	太子率更令	同中書門下三品	明經	長安四年十一月～神龍元年月	1、《舊》卷189《儒學下》2、《新》卷109《祝欽明傳》3、《通鑑》卷208「中宗神龍元年二月」	1、《舊》卷85《唐臨傳》2、《新》卷13《禮樂志》

		申州刺史	刑部尚書：並依前知政事		景龍三年？～景雲元年	1、《通鑑》卷209中宗景龍三年八月條 2、《通鑑》卷209睿宗景雲元年十二月 3、《舊》卷88《蘇瓌傳》 4、《舊》卷一八九下《祝欽明傳》 5、《舊》卷51《后妃紀》	
葉靜能		尚衣奉御		明經	神龍元年～景龍四年	1、《舊》卷37《五行志》 2、《通鑑》卷208「中宗神龍元年夏四月」 3、《舊》卷51《后妃上》 4、《通鑑》卷209「睿宗景雲元年六月」	1、《舊》卷91《桓彥範傳》 2、《新》卷120《桓彥范傳》 3、《舊》卷91《桓彥範傳》
史崇恩				道士	神龍二年二月	《通鑑》卷208「中宗神龍二年二月」	
韋叔夏	京兆萬年	太常少卿		明經	神龍三年	《舊》卷189《儒學下》	1、《新》卷122《韋安石傳》 2、《冊府元龜》卷607《學校部·撰集》
崔挹	定州安喜		禮部侍郎	門蔭	神龍初	《舊》卷74《崔仁師傳》	
於惟謙		中書侍郎知政事			神龍三年（景雲元年）九月	1、《新》卷61《宰相表上》 2、《通鑑》卷208中宗景龍元年九月 3、《舊》卷7《中宗本紀》	

	陸頌				外戚	神龍中？～景龍三年		1、《新》卷206《外戚傳》 2、《舊》卷183《外戚傳》
唐睿宗（武則天下臺後）	祝欽明	京兆始平			明經	景雲元年十二月	《通鑑》卷210「睿宗景雲元年十二月」	
	褚無量	吳郡海鹽	剡王傅	左散騎常侍	明經	太極元年正月	1、《舊》卷21《禮儀志一》 2、《新》卷13《禮樂志三》	
	薛崇行				外戚			《舊》卷183《外戚傳》
	張訥之	德州刺史	常州刺史			景龍中		1、《朝野僉載》卷5「德州刺史張訥之一白馬」 2、《太平廣記》卷405《張納之》
唐玄宗	陽(楊)嶠	河南洛陽	魏州刺史	國子祭酒致仕	制舉	玄宗即位初	1、《舊》卷185《良吏傳》 2、《新》卷130《陽嶠傳》 3、《大唐新語》卷之三《清廉第六》 4、《全唐文》卷252《授楊嶠國子祭酒制》	《文苑英華》卷400《授楊嶠國子祭酒制》
	宋璟	邢州南和	幽州都督	御史大夫	進士	玄宗即位初～開元二年	1、《全唐文》卷343《有唐開府儀同三司行尚書右丞相上柱國贈太尉廣平文貞公宋公神道碑銘》	1、《舊》卷96《宋璟傳》 2、《新》卷124《宋璟傳》 3、《文苑英華》卷393《授宋璟御史大夫制》 4、《全唐文》卷251《授宋璟御史大夫制》

褚無量	吳郡海鹽	左散騎常侍兼國子祭酒	右散騎常侍兼祭酒	明經	先天二年～開元二年		《全唐文》卷258《蘇頲・贈禮部尚書褚公神道碑》	
					開元三年～開元八年？		1、《全唐文》卷20《命張說等與兩省侍臣講讀制》 2、《新》卷200《褚無量傳》	
韋嗣立	京兆韋氏	汝州刺史	岳州別駕	進士	開元二年	《舊》卷88《韋思謙傳》	1、《新》卷116《韋嗣立傳》 2、《文苑英華》卷403《授韋嗣立太子賓客制》 3、《唐詩紀事》卷14《崔泰之》	
李嶠	隴西			宗室	開元十二年	《續集》開元064	1、《新》卷80《太宗諸子傳》 2、《新》卷70上《宗室世系上》	
元澹	河南	左散騎常侍	太子賓客	進士	開元中	1、《全唐文》卷272《元行沖》 2、《通鑑》卷212「玄宗開元九年十一月」	1、《舊》卷102《元行沖傳》 2、《全唐文》卷272《元行沖》	
司馬貞					開元七年		《唐會要》卷77《論經義》	
徐堅	湖州長城	秘書監	右散騎常侍	進士	開元十一年	1、《金石萃編》卷74《少林寺賜田敕》 2、《唐會要》卷12《廟制度》	《文苑英華》卷893《故光祿大夫右散騎常侍集賢院學士贈太子少保東海徐文公神道碑》	
楊瑒	華州華陰	華州刺史	大理卿	門蔭	開元十六、十七年～？	1、《舊》卷185《良吏下》 2、《登科記考》卷7「開元十	1、《新》卷130《楊瑒傳》 2、《新》卷196《隱逸傳》	

						五至十七年」 3、《舊》卷192 《隱逸傳》 4、《通鑑》卷 213「玄宗開元 十七年三月」 5、《冊府元龜》 卷 604《學校 部・奏議三》	3、《全唐文》卷 298《楊瑒》
李訥	隴西	左千牛 將軍	太子少 詹事	宗室		開元十 七年十 一月前		1、《續集》開元 093 2、《補遺》第三 輯《皇堂叔祖故 國子祭酒嗣韓 王（李訥）誌文 並序》
張說	范陽			制舉	開元二 十五年 十月	《唐大詔令 集》卷67《命 宰臣等分祭郊 廟社稷敕》	1、《全唐文》卷 35《遣祭郊廟山 川敕》 2、《文苑英華》 卷 775《遣祭郊 廟山川敕》
徐欽憲	曹州 離狐				開元中	《新》卷 93 《李勣傳》	
張浼	魏州 繁水				開元中	《舊》卷 68 《張公謹傳》	
李道堅	隴西	滄州刺 史	汴州刺 史	門蔭	開元中		1、《舊》卷 64 《高祖二十二 子傳》 2、《新》卷 79 《高祖諸子傳》
武忠	并州 文水			外戚	開元中		1、《新》卷 76 《后妃傳上》 2、《舊》卷 51 《后妃傳上》
劉瑗	彭城 縣	王傅			開元二 十八年	1、《唐會要》 卷 35《釋奠》 2、《通志》卷 43《禮志二》	1、《彙編（下）》 建中 010 2、《彙編（下）》 貞元 070 3、《補遺》第四 輯

							4、《新》卷 71《宰相世系表》 5、《文苑英華》卷 400《授劉瑗國子祭酒等制》
李仲思	隴西					開元二十四年後、天寶三載之前		1、《新》卷 70《宰相世系表》 2、《全唐文》卷 309《授程伯獻光祿大夫太子詹事李仲思光祿大夫國子祭酒制》 3、《文苑英華》卷 403《授程伯獻光祿大夫太子詹事李仲思光祿大夫國子祭酒制》
李齊古						天寶四載九月	1、《金石萃編》卷 87《石臺孝經》 2、《登科記考記考》卷 9「天寶四載」	
趙冬曦	定州鼓城	中書舍人內供奉	終於祭酒	進士	天寶九年	1、《新》卷 200《趙冬曦傳》 2、《補遺》第四輯《唐故國子祭酒趙君壙》	《續集》開元068
班景倩	衛州汲				天寶十載正月	《舊》卷 24《禮儀志》	《新》卷 149《班宏傳》
李祇	隴西			宗室門蔭	天寶十載	《舊》卷 24《禮儀志》	
李麟	隴西	兵部侍郎	戶部侍郎	宗室門蔭	天寶十一載～天寶十五載	1、《舊》卷 112《李麟傳》 2、《登科記考記考》卷 9「天寶十載」	1、《新》卷 142《李麟傳》 2、《全唐文》卷 33《遣官祭元冥風伯雨師詔》
李偕	隴西				天寶中		《舊》卷 107《玄宗諸子》

	李健	隴西			天寶中		《舊》卷 107《玄宗諸子》
肅宗	劉秩	彭城	尚書右丞	閬州刺史	門蔭	至德中～乾元元年六月	1、《通鑑》卷 220「肅宗乾元元年六月」	1、《全唐文》卷 42《貶房琯劉秩嚴武詔》 2、《舊》卷 102《劉子玄傳》 3、《新》卷 71《宰相世系表》 4、《全唐文》卷 520《給事中劉公墓誌銘》
	于休烈	京兆高陵		右散騎常侍	進士	乾元二年～寶應元年前		1、《新》卷 104《于志寧傳》 2、《舊》卷 149《于休烈傳》
	徐浩	越州	尚書右丞	廬州長史	明經			1、《新》卷 160《徐浩傳》 2、《舊》卷 137《徐浩傳》
	王縉	河中	憲部侍郎	鳳翔尹	制舉	至德三載～乾元二年		1、《舊》卷 118《王縉傳》
	李傑	隴西			宗室			1、《新》卷 82《十一宗諸子傳》 2、《新》卷 70下《宰相世系下》
	李伶	隴西			宗室	元年左右	《補遺》第七輯《大唐故永王第二男（伶）新婦河東郡夫人墓誌銘並序》	1、《新》卷 70《宗室世系表》 2、《新》卷 82《十一宗諸子傳》
	李儀	隴西			宗室			1、《新》卷 70《宗室世系表》 2、《新》卷 82《十一宗諸子傳》

	李俠	隴西			宗室			1、《新》卷 82《十一宗諸子列傳》 2、《新》卷 70《宗室世系》
代宗	劉晏	曹州南華	戶部侍郎	吏部尚書、同中書門下平章事（宰相）	制　舉（童子科）	寶應元年～寶應二年	《舊》卷11《代宗本紀》	1、《舊》卷 123《劉晏傳》 2、《新》卷 149《劉晏傳》 3、《全唐文》卷 46《授劉晏吏部尚書平章事制》 4、《全唐文》卷 354《蕭昕》
	蕭昕	河南	秘書監	工部尚書	制舉	寶應二年十月～永泰二年	1、《通鑑》卷 222「代宗廣德元年正月」 2、《通鑑》卷 224「代宗永泰元年十二月」 3、《舊》卷24《禮儀志四》 4、《唐會要》卷 36《修撰》 5、《登科記考記考》卷 10「永泰二年」 6、《新》卷 15《禮樂志五》	1、《新》卷 159《蕭昕傳》 2、《舊》卷 146《蕭昕傳》
	歸崇敬	蘇州吳郡	國子司業	饒州司馬	明經	大曆五年	《冊府元龜》卷 604《學校部・奏議三》	
	楊綰	華州華陰	吏部侍郎	太常卿	進士	大曆五年三月～大曆六年	《通鑑》卷 224「代宗大曆五年三月」	1、《舊》卷 119《楊綰傳》 2、《新》卷 142《楊綰傳》 3、《全唐文》卷 412《授楊綰太常卿制》

	喬琳	并州太原	大理少卿	懷州刺史	進士	？～大曆十二年		1、《舊》卷 127《喬琳傳》第 2、《全唐文》卷 356《喬琳》
德宗	李揆	隴西	睦州刺史	禮部侍郎	進士	大曆十四年六月～建中四年秋七月	《舊》卷 12《德宗本紀》	1、《舊》卷 126《李揆傳》 2、《新》卷 150《李揆傳》 3、《全唐詩補編》《全唐詩補逸卷五・句》
	鮑防	襄州襄陽	左散騎常侍	禮部侍郎	進士	建中時	《大唐傳載》	
	董晉	虞鄉萬里	華州刺史	左金吾衛大將軍	明經	建中四年～貞元元年	1、《舊》卷 12《德宗本紀》 2、《韓昌黎文集校注》卷 8《董公行狀》 3、《新》卷 211《藩鎮鎮冀傳》 4、《舊》卷 142《王武俊傳》 5、《通鑒》卷 229「德宗建中四年十一月」	1、《舊》卷 45《董晉傳》 2、《新》卷 151《董晉傳》
	包佶	潤州延陵	刑部侍郎	秘書監	進士	貞元元年～貞元五年	1、《舊》卷 12《德宗本紀》 2、《登科記考記考》卷 12「貞元二年」 3、《新》卷 14《禮樂志四》 4、《唐會要》卷 20《公卿巡陵》 5、《唐會要》卷 22《社稷》 6、《唐會要》卷 10 上《后土》	1、《唐摭言》卷 8《誤放》 2、《彙編》大和 011 3、《續集》貞元 006 4、《補遺》第一輯《國子祭酒致仕包府君（陳）墓誌銘》 5、《千唐誌齋藏誌》1033

	李淑	隴西			宗室		《唐會要》卷46《封建》	
	韓洄	潁川	兵部侍郎	終於祭酒	門蔭	貞元七年十一月～貞元十年	1、《舊》卷129《韓滉傳》2、《新》卷126《韓休傳》3、《全唐文》卷442《韓洄》4、《全唐文》卷507《太中大夫守國子祭酒穎川縣開國男賜紫金魚袋贈戶部尚書韓公行狀》	1、《文苑英華》卷555《及大會議國子祭酒韓洄請曆數近日徵應祥瑞故又改其文如後表》
	趙昌	天水	安南都護	安南都護、本管經略使	幕府	貞元十八年～貞元二十年三月	1、《舊》卷151《趙昌傳》2、《舊》卷13《德宗本紀》3、《全唐文》卷514《趙昌》	《新》卷170《趙昌傳》
	鄭令璡	鄭州滎澤縣				德宗時？		1、《全唐文》卷785《舒州刺史鄭公墓誌銘》2、《新》卷75上《宰相世系表》
	鄭伸					貞元時	《長安志》卷第七	
	李約	隴西			宗室			《舊》卷150《德宗順宗諸子傳》
順宗	馮伉	魏州元城	左散騎常侍	同州刺史	明經	永貞元年～元和元年？～元和四年	1、《舊》卷14《憲宗本紀》2、《唐會要》卷66《國子監》	1、《舊》卷189《儒學下》2、《新》卷161《馮伉傳》3、《全唐詩》卷783《馮伉》

憲宗	鄭餘慶	鄭州滎陽	太子賓客	河南尹	進士	元和元年九月～元和元年十一月	1、《舊》卷14《憲宗本紀》 2、《舊》卷158《鄭餘慶傳》 3、《韓昌黎文集校注》卷4《送鄭十校理序》	《新》卷165《鄭餘慶傳》
	李元素	遼東襄平	浙西節度使	太常卿	門蔭	元和三年		1、《舊》卷132《李澄傳》 2、《新》卷147《李元素傳》
	劉宗經	曹州南華				元和四年十月	《全唐文》卷63《贈高崇文司徒冊文》	《新》卷71《宰相世系表》
	裴佶	絳州稷山	吏部侍郎	工部尚書	進士			1、《新》卷127《裴耀卿傳》 2、《新》卷71《宰相世系表》 3、《舊》卷98《裴耀卿傳》
	楊寧	弘農華陰	太僕卿	國子祭酒致仕	明經	元和九年～十年	1、《補遺》第一輯《唐故朝散大夫守國子祭酒致仕上騎都尉賜紫金魚袋贈右散騎常侍楊府君(寧)墓誌銘並序》 2、《彙編》元和105 3、《千唐誌齋藏誌》1011	1、《新》卷175《楊虞卿傳》 2、《續集》長安066 4、《新》卷71《宰相世系表》 5、《登科記考記考》卷18「元和五年」 6、《彙編》乾符011
	孔戣	冀州	大理卿	嶺南節度使	進士	元和九年之後～元和十二年	1、《舊》卷15《憲宗本紀下》 2、《通鑑》卷240「憲宗元和十二年七月」 3、《韓昌黎文集校注》卷7	1、《新》卷163《孔巢父傳》 2、《舊》卷154《孔巢父傳》 3、《金石萃編》卷107《南海神廟碑》

						《唐正議大夫尚書左丞孔公墓誌銘》 4、《全唐文》卷 563《正議大夫尚書左丞孔公墓誌銘》	4、《韓昌黎文集校注》卷 10《南海神廟碑》
	李遜	趙郡	京兆尹	禮部尚書	進士	元和十三年～元和十四年	1、《金石萃編》第三冊卷 107 2、《舊》卷 155《李遜傳》	1、《新》卷 163《李遜傳》 2、《文苑英華》卷 962《處士侯君墓誌》
	馬惣				徵召	元和十四年前		《文苑英華》卷 881《馬公家廟碑》
	韓愈	昌黎	袁州刺史	兵部侍郎	進士	元和十三年	《金石萃編》卷 108	1、《新》卷 176《韓愈傳》 2、《文苑英華》卷 976《故正議大夫行尚書吏部侍郎上柱國賜紫金魚袋贈禮部尚書韓公行狀》 3、《唐才子傳校箋》卷 5《韓愈》
						元和十五年～長慶元年	1、《通鑑》卷 241「憲宗元和十五年十二月」 2、《舊》卷 110《韓愈傳》 3、《舊》卷 16《穆宗本紀》 4、《唐詩記事》卷 34《韓愈》	
	竇牟	京兆	澤州刺史		進士	元和末		《舊》卷 155《竇群傳》
穆宗	竇常	京兆	撫州刺史	終於國子祭酒	進士	長慶初		1、《唐才子傳校箋》卷 4《竇常》 2、《舊》卷 155《竇群傳》 3、《新》卷 71《宰相世系表》 4、《新》卷 175《竇群傳》 5、《唐詩記事（上）》卷 31《竇叔向五子》

	皇甫鏄	涇州臨涇	右庶子	太子賓客	進士	長慶初		1、《舊》卷 135《皇甫鏄傳》2、《新》卷 167《皇甫鏄傳》3、《全唐文》卷 679《唐銀青光祿大夫太子少保安定皇甫公墓誌銘並序》
	韋乾慶					長慶二年～長慶三年	1、《冊府元龜》卷 604《學校部・奏議三》2、《唐會要》卷 66《國子監》3、《登科記考記考》卷 19「長慶二年」4、《舊》卷 16《穆宗本紀》5、《全唐文》卷 724《韋乾度》	
	王仲周	京兆杜陵	台州刺史	□□州刺史	進士	長慶二年之後		1、《續集》開元 011 2、《補遺》第三輯《唐鄭州原武縣令京兆王公墓誌銘》
	楊巨源	蒲中	國子司業	河中少尹	進士	約長慶二三年		《唐才子傳校箋》卷 5《楊巨源》
敬宗	衛中行	安邑		福建觀察使	進士	寶曆二年	1、《舊》卷 17《敬宗本紀》2、《全唐詩續拾》卷 24《見杭州烏窠和尚後作》	
文宗	包陳	潤州延陵	□王傅	國子祭酒致仕	進士	大和之前		1、《補遺》第一輯《國子祭酒致仕包府君墓誌銘並序》

姓名	籍貫				任職時間	史料出處	備註
							2、《彙編》大和001 3、《千唐誌齋藏誌》1033
王潔	太原		太常博士		大和二年	《文苑英華》卷881《代郡開國公王涯家廟碑》	
裴通		汝州刺史	太子詹事		大和五年十二月	1、《冊府元龜》卷604《學校部·奏議三》 2、《登科記考記考》卷21「太和五年」 3、《唐會要》卷66《國子監》 4、《全唐詩補編》《全唐詩續拾卷二十六》	《全唐文》卷729《裴通》
齊皥	瀛州高陽				大和七年	《登科記考記考》卷21「太和七年」	《全唐文》卷606《國學新修五經壁本記》
高重	渤海蓨	司門郎中	鄂岳觀察使	明經	?～大和九年	1、《冊府元龜》卷607《學校部·撰集》 2、《舊》卷17《文宗本紀下》	1、《新》卷95《高儉傳》 2、《新》卷57《藝文志一》
鄭覃	鄭州滎澤	尚書右僕射	同中書門下平章事（宰相）	門蔭	大和九年～開成三年	1、《舊》卷175《文宗諸子》 2、《舊》卷17《文宗本紀》 3、《金石萃編》卷109《石刻十二經並五經文字九經字樣》 4、《唐會要》卷92《內外官職田》 5、《唐會要》卷66《國子監》	《新》卷165《鄭覃傳》

	姓名	籍貫						
	周瑍	汝南				大和中		1、《補遺》第三輯《唐故平州刺史盧龍節度留後周府君墓誌銘並序》 2、《續集》大中056
	楊敬之	虢州弘農	連州刺史	太常少卿	進士	開成三年～？		1、《金石萃編》卷110 2、《唐詩紀事》卷51《楊敬之傳》 3、《唐才子傳校箋》卷7《楊敬之》 4、《新》卷160《楊憑傳》
	韋楚老			終於祭酒	進士	文宗時		《唐才子傳校箋》卷6《韋楚老》
宣宗	馮審	婺州東陽	桂州刺史桂管觀察使	秘書監	進士	？～大中五年	1、《舊》卷18下《宣宗本紀下》 2、《唐會要》卷66《國子監》 3、《冊府元龜》卷604《學校部‧奏議三》	1、《新》卷177《馮宿傳》 2、《舊》卷168《馮宿傳》
	楊漢公	弘農華陰	秘書監、檢校工部尚書	同州刺使	進士	大中八年～大中十三年		1、《新》卷175《楊漢公傳》 2、《續集》咸通008 3、《補遺》第六輯《唐故銀青光祿大夫檢校戶部尚書使持節鄆州諸軍事守鄆州刺使上柱國弘農郡開國公食邑二千戶弘農楊公（漢公）墓誌銘並序》

	裴諗		吏部侍郎		門蔭	大中九年	1、《舊》卷18《宣宗本紀下》 2、《登科記考記考》卷22「大中九年」 3、《東觀奏記》下卷	
	封敖	冀州蓨	太常卿	太常卿	進士	大概在大中十一年之後	1、《唐會要》卷65《太常寺》	1、《新》卷177《封敖傳》 2、《唐語林》卷7補遺（武宗～昭宗） 3、《東觀奏記》下卷
	柳公權	京兆華原	左散騎常侍	太子少師	進士	大中十三年前		《舊》卷115《柳公權傳》
懿宗	劉允章	洺州廣平	鄂州觀察使	撫王府長史	進士	咸通末年		《新》卷160《劉伯芻傳》
僖宗	蕭峴		秘書監			乾符二年四月	《舊》卷19《僖宗本紀下》	
	楊授	弘農	左散騎常侍	太子賓客	進士	廣明元年之後		1、《舊》卷176《楊授傳》 2、《全唐文》卷837《授左散騎常侍楊授國子祭酒制》 3、《文苑英華》卷400《授左散騎常侍楊授國子祭酒制》
	盧渥	范陽	禮部侍郎	御史丞兼左丞	進士	中和元年	《全唐文》卷809《司空圖·故太子太師致仕盧公神道碑》	
	鄭綮		右散騎常侍	右散騎常侍	進士			1、《舊》卷179《鄭綮傳》 2、《新》卷183《鄭綮傳》

昭宗	孔緯	魯曲阜	司空	荊南節度觀察使	進士	文德元年～大順元年	1、《全唐文》卷90《貶孔緯荊南節度使制》 2、《舊》卷20《昭宗本紀上》 3、《唐會要》卷35《褒崇先聖》 4、《全唐文》卷804《孔緯》	1、《舊》卷179《孔緯傳》 2、《新》卷163《孔巢父傳》
	李涪	隴西	太僕卿		宗室	昭宗時		1、《全唐文》卷764《李涪》 2、《全唐文》卷832《授太僕卿賜紫李涪國子祭酒制》 3、《文苑英華》卷400《授太僕卿賜紫李涪國子祭酒制》
哀帝	崔澄					天祐二年五月	《舊》卷20《哀帝本紀下》	
任職時間待考的國子祭酒	張光	洛陽						《新》卷72《宰相世系表》
	韋瑝	京兆萬年						《新》卷74《宰相世系表》
	盧瑀	幽州范陽						《新》卷73上《宰相世系表》
	趙蕃							《宣室志·趙蕃》
	楊頊							《全唐文》卷609《唐故監察御史贈尚書右僕射王公神道碑》
	杜良杞	京兆						《全唐文》卷395《房州刺史杜府君神道碑》

溫珆	太原					1、《彙編》咸通105 2、《千唐誌齋藏誌》1189
崔倬	清河					1、《彙編》咸通116 2、《補遺》第一輯《唐故楚州盱眙臺縣令滎陽鄭府君（濆）墓誌銘並序》 3、《千唐誌齋藏誌》1192
李昶	渤海					1、《補遺》第五輯《大唐故開州錄事參軍渤海李君（勖）夫人南陽鄧氏墓誌銘》 2、《彙編》寶應006
王權	臨沂					《新》卷72中《宰相世系表二中》
李拱	隴西		宗室			1、《柳宗元集》卷11《故大理評事柳君墓誌》 2、《全唐文》卷590《故大理評事柳君墓誌》
源匡贊	相州臨漳					《新》卷75《宰相世系表》

表二　國子博士表

時期	姓名	籍貫	遷入前的官	遷出後的官	出身	任職時間	記載確切時間的史料	時間記載不確切的史料
唐高祖	丁孝烏		太常丞		前朝學官	武德元年	1、《唐會要》卷39《定格令》 2、《唐令拾遺》附錄	
	徐文遠	洛州偃師	太學博士		前朝博士	武德二年～？	1、《新》卷198《徐曠傳》 2、《大唐新語》卷之十二《勸勵第二十六》 3、《舊》卷189上《徐文遠傳》	1、《舊》卷85《徐有功傳》 2、《全唐文》卷163《徐有功》 3、《新》卷75《宰相世系表》
	孔穎達	冀州衡水	太學博士	給事中	前朝太學助教	武德九年～貞觀二年	1、《舊》卷73《孔穎達傳》 2、《金石萃編》卷41《曲阜憲公孔公碑銘》 3、《全唐文》卷145《大唐故太子右庶子銀青光祿大夫國子祭酒上護軍曲阜憲公孔公碑銘》	《新》卷198《孔穎達傳》
唐太宗	陸元朗	蘇州吳	太學博士	終於國子博士	前朝國子助教	貞觀初		1、《新》卷198《陸元朗傳》 2、《全唐文》卷146《陸元朗》 3、《大唐新語》卷之三《公直第五》 4、《舊》卷189上《陸德明傳》
	朱子奢	蘇州吳	國子助教	國子司業	國子助教	貞觀二年	1、《唐會要》卷35《褒崇先聖》 2、《新》卷15《禮樂志》	

	蓋文達	冀州信都	國子助教	諫議大夫、兼宏文館學士		貞觀初～貞觀十一年	1、《金石萃編》卷46《蓋文達碑》2、《全唐文》卷145《唐太傅蓋公墓碑》	
	蓋文懿	貝州宗城	國子助教	終於國子博士		貞觀中	《舊》卷189上《蓋文達傳》	《新》卷198《蓋文達傳》
	劉伯莊	徐州彭城	國子助教			貞觀五年～高宗時	1、《舊》卷23《禮儀志三》2、《唐會要》卷7《封禪》3、《唐會要》卷7《封禪》4、《唐會要》卷36《修撰》	1、《新》卷59《藝文志三》2、《新》卷198《劉伯莊傳》3、《舊》卷189上《劉伯莊傳》4、《全唐文》卷136《進五經正義表》
	谷那律	魏州昌樂		諫議大夫		貞觀十六年左右	《全唐文》卷146《春秋正義序》《文苑英華》卷735《春秋正義序》	1、《新》卷198《谷那律傳》2、《舊》卷189上《谷那律傳》
唐高宗	王道珪					高宗龍朔前後		《新》卷200《尹愔傳》
	范義頵		太學博士			顯慶時	1、《舊》卷191《玄奘》2、《唐會要》卷33《雅樂下》	
	王德韶					永徽四年	《全唐文》卷136《進五經正義表》	
	沈子山	吳興武康				高宗、武則天時期		1、《彙編》大中140 2、《補遺》第一輯《唐故承奉郎守大理司直沈府君（中黃）墓誌銘》

武則天	范頤					武則天垂拱前後		《全唐文》卷313《東都留守韋虛心神道碑》
	吳楊吾					聖曆元年	1、《唐會要》卷12《明堂制度》 2、《舊》卷22《禮儀志》	1、《新》卷199《張齊賢傳》 2、《全唐文》卷208《吳揚吾》
	郭山惲	蒲州河東	太學博士	國子司業		長安三年	《唐會要》卷77《論經義》	
唐中宗	褚無量	吳郡海鹽	成均助教	國子司業	明經	中宗神龍之後～景雲三年		1、《舊》卷102《褚無量傳》 2、《全唐文》卷258《蘇頲‧贈禮部尚書褚公神道碑》 3、《新》卷200《褚無量傳》
唐睿宗至玄宗	尹知章	絳州翼城	禮部員外郎	終國子博士	薦舉	景雲時～開元六年	1、《通鑑》卷211「開元五年十一月」 2、《新》卷199《尹知章傳》 3、《舊》卷189下《尹知章傳》	
唐玄宗	司馬貞			國子祭酒		開元初	《新》卷132《劉子玄傳》	
	開休元	廣陵江都	國子助教	國子司業	進士	開元中		1、《補遺》第一輯《唐故朝散大夫國子司業上柱國開君（休元）墓誌銘並序》 2、《彙編》開元390 3、《千唐誌齋藏誌》733
	侯行果	上谷		國子司業		開元十二年	1、《金石萃編》卷76《太山銘》按語 2、《舊》卷23《禮儀志三》	1、《舊》卷102《褚無量傳》 2、《舊》卷102《馬懷素傳》

						3、《唐會要》卷 8《郊議》	
	康子元	越州會稽	秘書少監	宗正少卿	文儒異等科	開元十三年	《唐會要》卷 64《集賢院》	
	王希夷	徐州滕縣	處士		處士	開元十四年	《舊》卷 192《王希夷》	1、《大唐新語》卷之十《隱逸第二十三》 2、《新》卷 196《王希夷傳》
	范行恭					開元十四年	1、《唐會要》卷 77《論經義》 2、《彙編》開元 389 3、《補遺》第四輯《唐故宣州溧陽縣令贈秘書丞上柱國開府君（承簡）墓誌並序》	1、《舊》卷 102《元行沖傳》 2、《新》卷 200《元澹傳》
	留元鼎					天寶四載	《金石萃編》卷 87《石臺孝經·孝經序》	
唐肅宗	柳芳	蒲州			進士	肅宗時	《全唐詩》卷 117《洪州客舍寄柳博士芳》	
唐代宗	竇叔向	扶風平陵				大曆十四年前	《唐才子傳校箋》卷 4《竇叔向》	
	張涉	蒲州	左散騎常侍			代宗大曆末	1、《通鑒》卷 225「代宗大曆十四年七月」 2、《舊》卷 127《張涉傳》	1、《新》卷 224下《喬琳傳》
	孔述睿	越州山陰	太常寺協律郎	尚書司勳員外郎	徵召	大曆末		1、《舊》卷 192《孔述睿》 2、《新》卷 196《孔述睿傳》

唐德宗	獨孤寔		膳部員外郎		進士	貞元時		1、《續集》咸通002 2、《補遺》第三輯《唐故兗海觀察使朝散大夫檢校秘書省校書郎御使河南獨孤府君（驤）墓誌銘並序》
	陸質	吳郡		給事中	幕府	貞元末		1、《柳宗元集》卷9《唐故給事中皇太子侍讀陸文通先生墓表》 2、《全唐文》卷588《唐故給事中皇太子侍讀陸文通先生墓表》 3、《全唐文》卷626《呂溫·代國子陸博士進集注春秋表》
唐憲宗	韓愈	昌黎	江陵法曹參軍	都官員外郎	進士	元和元年～元和四年	1、《新》卷176《韓愈傳》 2、《舊》卷160《韓愈傳》 3、《韓昌黎文集校注》卷5《祭薛助教文》	《唐語林校正》卷3
			職方員外郎	比部郎中		元和七年～元和八年		
	崔立之				進士	憲宗元和十年之前	《全唐詩》卷361《酬國子崔博士立之見寄》	
	李翱	隴西	京兆府司錄參軍	考功員外朗	進士	元和初～元和十五年	1、《舊》卷160《李翱傳》 2、《唐會要》卷18《緣廟裁制下》	《新》卷177《李翱傳》

	鄭澣	鄭州榮陽	考功員外郎	尚書左丞	進士	元和十三年～？		1、《新》卷 165《鄭餘慶傳》 2、《全唐文》卷 649《授鄭涵尚書考功郎中馮宿刑部尚書制》 3、《文苑英華》卷 389《授鄭涵考功郎中馮宿刑部郎中等制》 3、《舊》卷 158《鄭餘慶傳》
	林寶用					元和十三年	《唐會要》卷 39《定格令》	
	張籍	和州烏江	秘書郎	水部員外郎	進士	元和十五年～？	《韓昌黎文集校注》卷 8《舉薦張籍狀》	1、《舊》卷 160《張籍傳》第 4204 頁 2、《舊》卷 160《韓愈傳》 3、《新》卷 176《張籍傳》 4、《全唐文》卷 549《韓愈·舉薦張籍狀》
唐文宗	趙正卿	天水	連州刺史	終國子禮記博士	三禮科	大和七年～大和八年		1、《補遺》第一輯《唐故國子監禮記博士趙公（正卿）墓誌銘》 2、《千唐誌齋藏誌》1060 3、《彙編》大和 087
	李訓	隴西	四門助教	兵部郎中、知制誥	進士	大和八年～大和九年		1、《通鑒》卷 245「文宗太和九年七月」 2、《舊》卷 17《文宗本紀》 3、《舊》卷 169《李訓傳》

	韋公肅	京兆				大和中	《全唐文》卷606《國學新修五經壁本記》	
	韓昶	昌黎	秘書省著作郎	襄陽別駕	進士	開成末～？		1、《全唐文》卷741《韓昶·自為墓誌銘（並序）》 2、《金石萃編》卷114《翰昶·韓昶自為墓誌》 3、《彙編》大中102
唐文宗至武宗時	章師道					開成二年	1、《金石萃編》卷109《石刻十二經並五經文字九經字樣》 2、《補遺》第七輯《鄭覃進石經狀》	
	張次宗	蒲州	禮部員外郎	澧州刺史		開成三年～會昌中		1、《舊》卷129《張延賞傳》 2、《新》卷127《張嘉貞傳》
唐宣宗	雍陶	成都		簡州刺史	進士	大中六年～大中八年	1、《新》卷60《藝文志四》 2、《唐才子傳校箋》卷7《雍陶》	《全唐文》卷757《雍陶》
	李潯			郴州司馬		大中十一年	1、《唐大詔令集》卷129《大中十一年冊回鶻可汗文》 2、《全唐文》卷82《冊回鶻可汗文》 3、《舊》卷18下《宣宗本紀》	
	牛蔚	安定鶉觚	吏部郎中	吏部郎中	進士	宣宗時		1、《舊》卷172《牛僧儒傳》 2、《新》卷174《牛僧孺傳》

	孫頊					大中四年		1、《彙編》大中042 2、《千唐誌齋藏誌》1110 3、《補遺》第一輯《大唐故蘇州長洲縣令孫府君夫人吳郡張氏墓誌銘並序》
	王坤	太原				大中四年	《宣室志·王坤》	
	楊松年	弘農	著作郎	河南縣令		大中十二年前	1、《補遺》第一輯《唐故河南府河南縣令賜緋魚袋弘農楊公（松年）墓誌銘並序》 2、《千唐誌齋藏誌》1141	
	盧渥	范陽		侍御史	進士	宣宗、懿宗時		《全唐文》卷809《故太子太師致仕盧公神道碑》
唐懿宗	楊思願	弘農華陰				咸通二年	《續集》咸通008	
	澹轔					咸通十年前		《全唐文·唐文續拾》卷6《范陽盧君妻京兆澹氏墓誌銘》
	李隱	趙郡				咸通十二年		1、《彙編》咸通093 2、《補遺》第七輯《唐故太子司議郎李府君（璩）墓誌銘並序》
	柏鼂					懿宗、僖宗時？		《全唐文》卷828《羅袞·倉部柏郎中墓誌銘》

唐僖宗	薛堅石					乾符四年	《通鑑》卷253「僖宗乾符四年五月」	
	崔環	清河東武城				乾符四年前	《補遺》第一輯《唐故溫州刺史清河崔府君（紹）墓誌銘並序》	
	皮日休	襄陽	太常博士	毗陵副使	進士	乾符中	《唐才子傳校箋》卷8《皮日休》	《太平廣記》卷499《皮日休》
	李內恭	隴西			宗室	中和二年前	1、《補遺》第八輯《唐故隴西李公（杍）范陽盧氏夫人合葬墓銘並序》 2、《補遺》第八輯《唐故懷州錄事參軍姑臧李公（杍）墓誌銘》	
唐昭宗	朱樸	襄州襄陽	著作郎	左諫議大夫、同中書門下平章事	三史舉	乾寧初～乾寧三年	1、《新》卷63《宰相表下》 2、《通鑑》卷260「昭宗乾寧三年七月」 3、《新》卷10《昭宗本紀》 4、《舊》卷20上《昭宗本紀》	1、《舊》卷179《朱樸傳》 2、《新》卷183《朱樸傳》
	崔德雍	清河武城				乾寧五年	1、《彙編》乾寧007 2、《補遺》第五輯《唐故進士清河崔府君（徵）墓銘並序》	《新》卷72下《宰相世系表二下》
	歐陽特			終於國子博士		天祐元年	《舊》卷20上《昭宗本紀》	

	王轂	宜春		進士			1、《唐才子傳校箋》卷 10《王轂》 2、《全唐詩》卷 694《王轂》
任時待的子士職間考國博	諸葛君尚						《彙編》天寶 073
	陰宏道	武威姑臧					《全唐文》卷 408《張均・邠王府長史陰府君碑》
	崔庭晦	清河					《新》卷 72 下《宰相世系表二下》
	朱仁範	亳州永城					《新》卷 74 下《宰相世系表四下》第 3199 頁
	盧鋌	范陽					《新》卷 73 上《宰相世系三上》
	盧玄禧	范陽	終國子博士	進士			1、《舊》卷 193《盧簡辭傳》 2、《新》卷 73 上《宰相世系三上》
	孫伉						《新》卷 73 下《宰相世系表三下》
	鄭還古		終國子博士	進士			《盧氏雜說》《鄭還古》 《全唐詩》卷 491《鄭還古》
	馬戴	華州	終國子博士	進士			《唐才子傳校箋》卷 7《馬戴》
	鄭史	宜春		進士	開成以後		1、《登科記考記考》卷 21「開成元年至二年」 2、《全唐詩》卷 542《鄭史》
	房千里						《全唐文》卷 760《房千里》

羅為宗								1、《朝野僉載》卷 2 2、《太平廣記》卷 259《常定宗》轉引
蘇縷	武功					會昌以前		《千唐誌齋藏誌》1090

表三　廣文博士表

時期	廣文博士	籍貫	遷入前的官	遷出後的官	出身	任職時間	記載確切時間的史料	時間記載不確切的史料
唐玄宗	鄭虔	鄭州滎陽		台州司戶參軍事		天寶九載～肅宗初	《唐會要》卷 66《廣文館》	《新》卷 202《鄭虔傳》
唐德宗	蕭曾	蘭陵				貞元十六年前後	1、《續集》元和 011 2、《補遺》第六輯《□仁勇校尉守左衛率府翊府翊衛蕭元明墓誌》	
唐憲宗	張籍	吳郡				元和十三年	《韓昌黎文集校注》卷 7《唐故中散大夫少府監胡良公墓神道碑》	
唐文宗	裴居實					開成元年	《續集》開成 002	
	盧就	范陽	縣尉	假殿中侍御史充友使	進士	開成末～會昌初	《舊》卷 24《禮儀志四》	《千唐誌齋藏誌》1118
唐武宗	苗紳	上黨壺關	大理評事		進士	約武宗、宣宗之際		《補遺》第六輯《唐故朝散大夫京兆少尹御使中丞苗府君（紳）墓誌銘並序》
唐宣宗	李彬	隴西			進士宗室	宣宗、懿宗時		《新》卷 70 上《宗室世系上》

| 唐懿宗 | 李推賢 | 趙郡 | 陸渾尉 | | | 咸通中 | | 《彙編》乾符013 |

| 任職時間待考的廣文博士 | 張賁 | | | | | | | 1、《全唐詩》卷622《和張廣文賁旅泊吳門次韻》
2、《全唐詩》卷301《寄廣文張博士》 |

表四　太學博士表

時期	姓名	籍貫	遷入前的官	遷出後的官	出身	任職時間	記載確切時間的史料	時間記載不確切的史料
唐高祖	陸元朗	蘇州吳	文學館學士	國子博士	前朝學官	武德四年～貞觀初	《唐會要》卷64《文學館》	1、《新》卷198《陸元朗傳》 2、《全唐文》卷146《陸元朗》
	孔穎達	冀州衡水	文學館學士	國子博士	前朝太學助教	武德九年前		1、《全唐文》卷4《太宗皇帝·置文館學士詔》 2、《全唐文》卷147《褚亮·十八學士贊》
唐太宗	陸士季	蘇州吳		卒於太學博士		貞觀初		1、《新》卷195《陸南金傳》 2、《大唐新語》卷之六《友悌第十二》 3、《全唐文》卷279《靳翰·大唐故朝散大夫護軍行黃州司馬陸府君墓誌銘》 4、《彙編》景雲012

	王恭	滑州白馬			徵拜	貞觀初		1、《舊》卷 73《王恭傳》 2、《新》卷 198《王恭傳》
	馬嘉運	魏州繁水	越王東閣祭酒	崇文館學士	佛家弟子	貞觀十一年～十七年	1、《舊》卷 73《馬嘉運傳》 2、《新》卷 198《馬嘉運傳》 3、《唐會要》卷 36《修撰》	1、《新》卷 59《藝文志三》第 1562 頁 2、《新》卷 57《藝文志一》第 1426 頁
	王德韶			國子博士		貞觀十幾年		1、《全唐文》卷 146《尚書正義序》 2、《全唐文》卷 16《毛詩正義序》 3、《全唐文》卷 136《進五經正義表》 4、《全唐文》卷 146《孔穎達・春秋正義序》 5、《新》卷 57《藝文志一》 6、《文苑英華》卷 735《孔穎達・春秋正義序》
唐高宗	史道玄					永徽二年	《唐會要》卷 35《五禮篇目》	《舊》卷 21《禮儀志一》
	李玄植	趙州	太子文學	四門助教		永徽初		1、《彙編》大曆 062 2、《新》卷 57《藝文志一》
	賈公彥	洺州永年		終於太學博士		永徽中		1、《舊》卷 189 上《賈公彥傳》 2、《新》卷 198《賈公彥傳》 3、《全唐文》卷 136《長孫無

							忌・進五經正義表》
							4、《全唐文》卷163《賈公彥》
							5、《彙編》垂拱007
							6、《彙編》天寶227誌銘並序
							7、《千唐誌齋藏誌》887
	范義頵	國子助教				永徽四年	1、《全唐文》卷136《長孫無忌・進五經正義表》 2、《新》卷57《藝文志一》
	齊威	四門博士				永徽四年	1、《全唐文》卷136《長孫無忌・進五經正義表》 2、《新》卷57《藝文志一》
	史玄璨					上元三年	1、《新》卷122《韋安石傳》 2、《新》卷13《禮樂志》 3、《舊》卷26《禮儀志六》 4、《唐會要》卷13《親享廟》
	羅道琮	蒲州虞鄉	卒於太學博士	明經			1、《舊》卷189上《羅道琮傳》 2、《新》卷198《羅道琮傳》
武則天	賈玄贊	廣川	國子助教	終太學博士	明經	高宗末～垂拱元年	1、《彙編》垂拱007	1、《彙編》天寶227 2、《千唐誌齋藏誌》887
	康國安	會稽	太學助教	太學博士	明經	武則天初？		1、《新》卷60《藝文志四》

朝代	姓名	籍貫	官職一	官職二		時間	出處	出處二
							2、《全唐文》卷344《銀青光祿大夫海濮饒房睦臺六州刺史上柱國汲郡開國公康使君神道碑銘》	
	郭山惲	蒲州河東		國子博士		聖曆元年～長安三年前	《唐會要》卷12《明堂制度》	
	吳思玄					天后朝	《太平廣記》卷104《吳思玄》	
	吳揚昊					天后朝	《全唐文》卷165《吳揚昊》	
唐玄宗	侯行果	上谷人（河北道）		國子博士		開元十二年	1、《舊》卷23《禮儀志三》 2、《唐會要》卷34《集賢院》	
	敬會真	平陽（河東道）	四門博士	終太學博士		開元十五年	1、《彙編》開元267 2、《補遺》第二輯《平陽郡故敬府君（覺）墓誌銘》 3、《千唐誌齋藏誌》678	《新》卷200《康子元傳》
	蕭郢客					天寶四載	《金石萃編》卷87《石臺孝經·孝經序》	
	余欽		太學助教	終太學博士		玄宗時？		《新》卷199《馬懷素傳》
唐德宗	施士丐	吳人	太學助教	終太學博士		貞元？年～貞元十八年	1、《韓昌黎文集校注》卷5《施先生墓銘》 2、《全唐文》卷566《韓愈·施先生墓銘》	《新》卷200《啖助傳》

唐憲宗	杜冀	京兆				元和五年	1、《全唐文》卷566《韓愈·中散大夫河南尹杜君墓誌銘》 2、《韓昌黎文集校注》卷6《故中散大夫河南尹杜君墓誌銘》	《新》卷72上《宰相世系表二上》
	陸亙	蘇州吳	萬年縣丞	太常博士	制舉	元和七年	《舊》卷164《楊於陵傳》	
	陳舒					元和七年	《唐會要》卷19《百官家廟》	《新》卷200《韋公肅傳》
	韋公肅	京兆杜陵	太常博士	秘書郎		元和九年？	《唐會要》卷23《祭日》	
唐穆宗	李於	頓丘	幕府從事	終於太學博士	進士	長慶三年	1、《韓昌黎文集校注》卷7《故太學博士李君墓誌銘》 2、《全唐文》卷564《韓愈·太學博士李君墓誌銘》	
唐敬宗	李涉	洛陽	峽州司倉參軍		節度使幕府	寶曆元年	1、《舊》卷17《敬宗本紀》 2、《舊》卷167《李逢吉傳》	1、《全唐文》卷693《李涉》 2、《唐詩紀事》卷46《李涉》 3、《新》卷172《李逢吉傳》
唐文宗	吳武陵	信州		韶州刺史	進士	太和二年～太和中	《唐才子傳校箋》卷6《杜牧》	1、《新》卷203《吳武陵傳》 2、《唐詩紀事》卷43《吳武陵》 3、《全唐文》卷178《吳武陵》 4、《唐摭言》卷6《公薦》
唐武宗	鄭遂					會昌六年	1、《舊》卷26《禮儀志六》 2、《全唐文》卷791《鄭遂》	《唐會要》卷16《廟議下》

唐宣宗	石貫					大中四年	1、《宣室志・王坤》 2、《太平廣記》卷 351《王坤》
	李商隱	懷州河內	幕府判官	廣州都督	進士	大中五年	《全唐五代詞》卷 5《李商隱》	1、《舊》卷 190 下《李商隱傳》 2、《唐才子傳校箋》卷 7《李商隱》
	万俟鎔			大理正		大中十三年前		《補遺》第二輯《唐故朝議郎成都府犀浦縣令京兆田府君（行源）墓誌銘並序》
	韋從易	京兆				約宣宗、懿宗之時		《新》卷 74 上《宰相世系表四上》
唐懿宗	賈洮	長樂	廣文助教	河南府戶曹參軍	三史登第	咸通十年左右		《千唐誌齋藏誌》1189
唐昭宗	崔騰	博陵			鄉薦	乾寧二、三年前後		1、《續集》乾寧 003 2、《補遺》第六輯《唐故刑部尚書崔公府君（凝）墓誌並序》
	趙鴻	蔡中				晚唐		《全唐詩》卷 589《和太學趙鴻博士歸蔡中》
時間待考的太學博士	盧景							《全唐詩》卷 746《閒居寄太學盧景博士》
	丘光庭	吳興		國子博士		晚唐時人		1、《全唐詩》卷 768《丘光庭》 2、《全唐詩》卷 707《題胡州太學丘光庭博士幽居》

表五　四門博士表

時期	擔任四門博士	籍貫	遷入前的官	遷出後的官	出身	任職時間	記載確切時間的史料	時間記載不確切的史料
唐太宗	楊士勳					貞觀十六年前		1、《全唐文》卷146《春秋正義序》 2、《文苑英華》卷735《孔穎達・春秋正義序》
	蘇德融					貞觀十六年	1、《全唐文》卷146《易正義序》 2、《全唐文》卷146《尚書正義序》 3、《全唐文》卷146《春秋正義序》 4、《文苑英華》卷735《春秋正義序》	1、《新》卷57《藝文志一》 2、《新》卷57《藝文志一》
	趙弘智	洛州新安	四門助教	太子右庶子	應詔舉	貞觀十六年	1、《全唐文》卷146《尚書正義序》	1、《新》卷57《藝文志一》 2、《全唐文》卷146《孔穎達・春秋正義序》 3、《文苑英華》卷735《孔穎達・春秋正義序》
	朱長才					貞觀十六年		《新》卷57《藝文志一》
	趙君贊		四門助教			貞觀十六年	《全唐文》卷146《孔穎達・禮記正義序》	1、《全唐文》卷136《長孫無忌・進五經正義表》 2、《新》卷57《藝文志一》

武則天	王元感	濮州鄄城	左衛率府錄事，兼直弘文館	太子司議郎兼崇賢館學士	明經	登封元年～中宗即位	1、《唐會要》卷37《服紀上》P679 2、《唐會要》卷77《論經義》	1、《舊》卷189下《王元感傳》 2、《新》卷199《王元感傳》
	賀知章	會稽永興	四門博士	太常博士	進士	武則天末年？		1、《舊》卷190中《賀知章傳》 2、《唐才子傳校箋》卷3《賀知章》 3、《柳宗元集》卷26《記官署》
唐玄宗	師夜光	薊門			僧人	開元初		1、《新》卷204《師夜光傳》 2、《宣室志·師夜光》
	張星			太常博士		開元四年	1、《舊》卷98《盧懷慎傳》 2、《新》卷126《盧懷慎傳》	
	孫璲之	曲阜		邠王府文學	襲封	開元五年	《金石萃編》卷85《兗公頌·兗公之頌》	
	敬會真	平陽		終太學博士	薦舉	開元十三年	《唐會要》卷64《集賢院》	1、《新》卷200《康子元傳》 2、《唐會要》卷8《郊議》
	趙玄默		四門助教		薦舉	開元十三年	《唐會要》卷64《集賢院》	
	張謂					開元二十八年前後	1、《彙編》開元514 2、《補遺》第一輯《唐故潁王府錄事參軍郜君（崇烈）墓誌銘並序》	
	劉齊會					天寶四載	《金石萃編》卷87《石臺孝經·孝經序》	

	任巍					天寶四載	《金石萃編》卷87《石臺孝經·孝經序》	
	歸崇敬	蘇州吳	四門助教	左拾遺	明經	天寶中	《新》卷164《歸崇敬傳》	
唐德宗	韋渠牟	京兆萬年		秘書郎	節度使奏授	貞元八年~十二年	1、《全唐文》卷506《權德輿·唐故太常卿贈刑部尚書韋公墓誌銘並序》2、《通鑑》卷235「德宗貞元十二年四月」	1、《舊》卷135《韋渠牟傳》2、《新》卷167《韋渠牟傳》3、《全唐文》卷623《韋渠牟》
	韓愈	昌黎	藩鎮幕府	監察御史	進士	貞元十八年~十九年	1、《韓昌黎文集校注》卷2《上李尚書書》	1、《舊》卷160《韓愈傳》2、《新》卷176《韓愈傳》3、《新》卷200《陳京傳》
唐憲宗	周況				進士	元和十一年	《韓昌黎文集校注》卷7《四門博士周況妻韓氏墓誌銘》	1、《全唐文》卷564《韓愈·四門博士周況妻韓氏墓誌銘》2、《全唐詩》卷342《韓愈·晚寄張十八助教周郎博士》
唐穆宗	孔溫質	曲阜				長慶四年	1、《韓昌黎文集校注》卷7《唐正義大夫尚書左丞孔公墓誌銘》2、《全唐文》卷563《正議大夫尚書左丞孔公墓誌銘》	
唐昭宗	黃滔	泉州莆田		監察御史裏行充威武軍節度推官	進士	光化中		1、《全唐文》卷822《黃滔》2、《新》卷60《藝文志四》

					天復元年		《文苑英華》卷707《羅隱‧陳先生集後序》
任職時間待考的四門博士	薛諶	蒲州汾陰					《新》卷73下《宰相世系表三下》
	薛承裕	閩縣			進士	唐末（咸通三年之後）	《登科記考》卷23「咸通三年」

說明：1、表中《舊》指《舊唐書》，《新》指《新唐書》，《彙編》指《唐代墓誌彙編》，
　　　　《續集》指《唐代墓誌彙編續集》，《補遺》指《全唐文補遺》。
　　　2、任職時間不是特別肯定者用「？」表示，例如：「武則天末年？」則表示任
　　　　職時間可能在武則天末年，但是不能肯定。
　　　3、遷轉官職、籍貫以及任職時間無記載者則空格。

參考書目

一、史籍類

1. 〔後晉〕劉昫等撰《舊唐書》中華書局 1975 年 5 月第 1 版。

2. 〔宋〕歐陽修、宋祁撰《新唐書》中華書局 1975 年 2 月第 1 版。

3. 〔元〕脫脫等撰《宋史》中華書局 1977 年 11 月第 1 版。

4. 〔宋〕司馬光《資治通鑒》中華書局 1956 年 6 月第 1 版。

5. 〔唐〕李林甫等撰，陳仲夫點校《唐六典》中華書局 1992 年 1 月第 1 版。

6. 〔唐〕杜佑《通典》中華書局 1998 年 12 月第 1 版。

7. 〔宋〕鄭樵撰《通志》浙江古籍出版社 1988 年 11 月第 1 版。

8. 〔五代〕王溥《唐會要》中華書局股份有限公司 1955 年 6 月第 1 版。

9. 〔宋〕宋敏求編《唐大詔令集》商務印書館 1959 年 4 月初版。

10. 《大唐開元禮》北京民族出版社 2000 年。

11. 〔清〕董誥等編《全唐文》中華書局 1983 年 11 月第 1 版。

12. 《全唐詩》中華書局 1960 年第 1 版。

13. 〔宋〕王欽若主編《冊府元龜》中華書局出版 1960 年 6 月第 1 版。

14. 〔宋〕李昉等編《文苑英華》中華書局 1966 年 5 月第 1 版。

15. 〔清〕王昶輯《金石萃編》北京市中國書店 1985 年 3 月第 1 版。

16. 〔唐〔韓愈撰，馬其昶校注《韓昌黎文集校注》上海古籍出版社 1986 年 12 月第 1 版。

17. 〔唐〕張說《張燕公集》上海古籍出版社 1992 年 11 月第 1 版。

18. 〔唐〕柳宗元《柳宗元集》中華書局 1979 年 10 月第 1 版。

19. 〔清〕徐松《登科記考》中華書局 1984 年 8 月第 1 版。

20. 〔唐〕鄭處誨、裴庭裕撰，田廷柱點校《明皇雜錄·東觀奏記》中華書局 1994 年 9 月第 1 版。

21. 〔唐〕吳兢《貞觀政要》上海古籍出版社 1978 年 9 月第 1 版。

22. 〔唐〕許嵩撰，孟昭庚等點校《建康實錄》上海古籍 1987 年 10 月第 1 版。

23. 〔元〕辛文房撰《唐才子傳校正》江蘇古籍出版社 1987 年 6 月第 1 版。

24. 〔宋〕計有功撰《唐詩紀事》上海古籍出版社 1987 年 7 月新 1 版。

25. 〔五代〕王定保《唐摭言》上海古籍出版社 1978 年 5 月。

26. 〔宋〕王讜撰，周勳初校正《唐語林校正》中華書局 1987 年 7 月第 1 版。

27. 〔宋〕邵伯溫撰，李劍雄、劉德權點校《邵氏聞見錄》中華書局 1983 年 8 月第 1 版。

28. 〔宋〕錢易撰，黃壽成點校《南部新書》中華書局 2002 年 6 月第 1 版。

29. 〔宋蘇洵著，曾棗莊、金成禮箋注《嘉祐集箋注》上海古籍出版社 1993 年 3 月第 1 版。

30. 〔唐〕玄奘、辯機著《大唐西域記校注》季羨林校注，中華書局 2000 年 4 月第 1 版。

31. 〔唐〕劉肅撰，許德楠、李鼎霞點校《大唐新語》北京中華書局 1984 年 6 月第 1 版。

32. 〔唐〕封演撰，趙員信點校《封氏聞見記校注》中華書局 1958 年第 1 版。

33. 〔唐〕失名等撰《大唐傳載 幽閒鼓吹 中朝故事》中華書局 1958 年 10 月第 1 版。

34. 〔唐〕李肇《唐國史補》上海古籍出版社 1979 年版。

35. 〔五代〕王仁裕撰，丁如明輯校《開元天寶遺事十種》上海古籍出版社 1985 年 1 月第 1 版。

36. 〔唐〕徐堅《初學記》中華書局 1962 年 1 月第 1 版。

37. 〔宋〕李昉《太平廣記》中華書局 1981 年出版。

38. 〔宋〕范祖禹撰，白林鵬、陸三強校注《唐鑒》三秦出版社 2003 年 1 月版。

39. 〔宋〕洪邁《容齋隨筆五集》商務印書館 1959 年 3 月重印第 1 版。

40. 〔清〕趙翼著，王樹民點校《廿二史劄記校正》中華書局 1984 年 1 月第 1 版。

41. 〔清〕錢大昕《廿二史考異》上海古籍出版社 1979 年 1 月新 1 版。

42. 〔清〕王夫之著，舒士彥點校《讀通鑒論》中華書局 1975 年 7 月第 1 版。

43. 〔清〕徐松撰、張穆校補，方嚴點校《唐兩京城坊考》中華書局 1985 年

8 月第 1 版。

44. 〔清〕顧炎武撰《歷代宅京記》中華書局 1984 年 2 月第 1 版。

45. 〔清〕勞格、趙鉞著，徐霞敏、王桂珍點校《唐尚書省郎官石柱題名考》中華書局 1992 年 4 鉞第 1 版。

46. 〔清〕皮錫瑞著，周予同注釋《經學歷史》中華書局 2004 年 7 月新 1 版。

二、今人編著類文獻

1. 周紹良主編《唐代墓誌彙編》及《續集》上海古籍出版社 1992 年 11 月版。

2. 吳鋼主編《全唐文補遺》三秦出版社 1994、1995、1996、1997、1998、1999、2000 年版。

3. 劉俊文撰《唐律疏義箋解》中華書局 1996 年 6 月第 1 版。

4. 仁井田陞《唐令拾遺》及其《補編》。

三、今人著作

1. 陳寅恪《唐代政治史述論稿》上海古籍出版社 1982 年 2 月新 1 版。

2. 陳仲安、王素著《漢唐職官職度研究》中華書局 1993 年 9 月第 1 版。

3. 成有信等著《教育政治學》江蘇教育出版社 1993 年 7 月第 1 版。

4. 程舜英編著《隋唐五代教育制度史資料》北京師範大學出版社 1998 年 9 月第 1 版。

5. 鄧小南《宋代文官選任制度諸層面》河北教育出版社 1993 年 4 月。

6. 丁長清《中國古代的市場與貿易》商務印書館國際有限公司 1997 年 3 月北京第 1 版。

7. 傅崇蘭《曲阜廟城與中國儒學》中國社會科學出版社 2002 年 11 月第 1 版。

8. 高明士《隋唐貢舉制度》（臺灣）文津出版社有限公司 1999 年 6 月第 1 版。

9. 高明士《唐代東亞教育圈的形成》國立編譯館中華叢書編審委員會中華民國七十三年一月印。

10. 高明士《中國教育制度史論》臺北：聯經出版事業公司 1999 年出版。

11. 萬承雍《儒生·儒臣·儒君》陝西人民教育出版社 1993 年 2 月第 1 版。

12. 顧樹森《中國歷代教育制度》江蘇教育出版社 1981 年第 1 版。

13. 郭秉文《中國教育制度沿革史》上海商務印書館 1916 年版。

14. 郭林《中國古代禮儀與文明》中華書局 2004 年 1 月第 1 版。

15. 郭齊家《中國古代學校》天津教育出版社 1991 年 11 月第 1 版。

16. 韓鳳山《唐宋官學制度研究》（博士論文）東北師範大學 2003 年。

17. 侯紹文編著《唐宋考試制度史》臺灣商務印書館發行中華民國六十二年七月初版。

18. 胡滄澤《唐代御史制度研究》福建教育出版社 2000 年 9 月版。

19. 胡發貴《教育與道德培養》江蘇古籍出版社 2002 年 5 月第 1 版。

20. 胡戟等主編《二十世紀唐研究》中國社會科學出版社，2002 年版。

21. 黃留珠《中國古代選官制度述略》黑龍江教育出版社，2002 年版。

22. 黃清敏《魏晉南北朝教育制度述論》（博士論文）福建師範大學出版社 2003 年。

23. 黎虎《漢唐外交制度研究》蘭州大學出版社 1998 年版。

24. 李福長著《唐代學士與文人政治》齊魯書社出版社 2005 年 6 月第 1 版。

25. 李浩《唐代關中士族與文學》（博士論文）陝西師範大學 1998 年。

26. 李浩《唐代三大地域文學士族研究》中華書局 2002 年 10 月出版。

27. 李治安、杜家驥著《中國古代官僚政治》書目文獻出版社 1998 年 11 月北京第 1 版。

28. 劉海峰《唐代教育與選舉制度綜論》文津出版社中華民國八十年七月初版。

29. 劉蔚華、趙宗正主編《中國儒家學術思想史》山東教育出版社 1996 年版。

30. 毛蕾《唐代翰林學士》社會科學文獻出版社 2000 年 11 月第 1 版。

31. 毛禮銳、邵鶴亭、瞿菊農合著《中國教育史》五南圖書出版有限公司中華民國 83 年 5 月初版。

32. 毛禮銳、沈灌群主編《中國教育通史》山東教育出版社 1985 年 4 月第 1 版。

33. 毛禮銳《中國古代教育史》人民教育出版社 1979 年版。

34. 苗春德《宋代教育》河南大學出版社 1992 年版。

35. 平岡武夫《唐代的長安和洛陽資料》上海古籍出版社 1989 年 11 月第 1 版。

36. 平岡武夫《唐代的長安與洛陽（索引）》上海古籍出版社 1991 年版。

37. 任爽《唐代禮制研究》東北師範大學出版社 1999 年第 1 版。

38. 宋本成《中國古代教育家教育及教學思想評介》內蒙古教育出版社 1985 年版。

39. 宋大川、王建軍《中國教育制度通史·魏晉南北朝隋唐卷》山東教育出版社 2000 年 7 月第 1 版。

40. 宋大川《唐代教育體制研究》（博士論文）北京師範大學 1994 年。

41. 宋肅懿《唐代長安之研究》大立出版社中華民國七十二年〔1983〕八月出版。

42. 孫立群《中國古代的士人生活》商務印書館 2003 年 12 月第 1 版。

43. 孫培青《中國教育史》華東師範大學 2000 年版。

44. 孫培青主編《中國教育管理史》人民教育出版社 1996 年 12 月第 1 版。

45. 田廷柱《隋唐士族》三秦出版社 1996 年 3 月第 1 版。

46. 汪征魯《魏晉南北朝選官體制研究》福建人民出版社 1995 年 1 月第 1 版。

47. 烏廷玉《隋唐史話》北京出版社 1984 年 9 月第 1 版。

48. 吳宗國《唐代科舉制度研究》遼寧大學出版社 1997 年 3 月第 2 版。

49. 吳宗國主編《盛唐政治制度研究》上海辭書出版社 2003 年 8 月第 1 版。

50. 謝青主編《中國考試制度史》(合肥) 黃山書社 1995 年 2 月第 1 版。

51. 辛德勇《隋唐兩京叢考上篇‧西京‧國子監孔廟的設置時間》三秦出版社 2006 年 1 月第 2 版。

52. 楊鴻年《漢魏制度叢考》武漢大學出版社 1985 年 8 月第 1 版。

53. 楊鴻年《隋唐宮廷建築考》陝西人民出版社 1992 年 3 月第 1 版。

54. 楊鴻年《隋唐兩京考》武漢大學出版社 2005 年 4 月第 2 版。

55. 楊寬《中國古代都城制度史研究》上海古籍出版社 1993 年 12 月第 1 版。

56. 楊寬《中國古代都城制度史研究》上海古籍出版社 1993 年 12 月第 1 版。

57. 楊榮春《中國封建社會教育史》廣東人民出版社出版 1985 年 5 月第 1 版。

58. 楊慎初《中國書院文化與建築》湖北教育出版社 2002 年 12 月版。

59. 楊樹藩《中國文官制度史》臺北黎明文化事業公司民國 71 年〔1982〕初版。

60. 余書麟《中國儒家心理思想史》(臺北) 心理出版社 1994 年 8 月第 1 版。

61. 郁賢皓《唐刺史考》江蘇古籍出版社 1987 年 2 月第 1 版。

62. 袁庭棟《古代職官漫話》巴蜀書社 1989 年 10 月第 1 版。

63. 張國剛、喬治忠等著《中國學術史》商務印書館 2002 年 7 月第 1 版。

64. 張國剛《佛學與隋唐社會》河北人民出版社 2002 年。

65. 張國剛《隋唐官制》三秦出版社 1987 年 4 月第 1 版。

66. 張金鑒《中國文官制度史》華岡出版有限公司印行中華民國六十六年十一月三版。

67. 張榮芳《唐代京兆尹研究》臺灣學生書局印行中華民國七十六年年十月初版。

68. 張澤咸《唐代階級結構研究》中州古籍出版社 1996 年元月第 1 版。

69. 周予同《中國學校制度》上海商務印書館 1931 年版。

70. 周予同《中國學校制度》上海書店 1991 年 12 月出版。

71. 卓遵宏《唐代進士與政治》國立編譯館中華民國七十六年三月初版。

後　記

　　自 2007 年博士畢業至今，十三年的光陰僅在彈指一揮間。靜水流年，韶華易逝。畢業後進入北京市文物研究所工作以來，研究方向逐漸從歷史轉向考古，十幾年的學業荒疏，丟了西瓜，也沒有撿到幾粒芝麻，鑒於兩個學科研究方法的差別，以及各種外在條件的限制，我徘徊在考古學研究的大門外，始終不得入門之匙。心中既有不甘，也有對老師和學長們的愧疚之情。唯一可慰之處便是這些年我一直在認真努力地工作與生活。因工作性質的緣故，自博士畢業後，論文壓在箱底十餘年而未能付梓，幸有花木蘭文化事業有限公司的幫助才使書稿得以修改梓行，在此深表感謝！

　　2020 年春節改稿之時，恰逢非冠肺炎肆虐之時，神州大地家家閉門塞戶，人人蝸守自衛。與新聞媒體的喧囂和外界的恐慌相反，家中此時一片寧靜祥和。兩個女兒乖巧嬌憨，在改稿之餘還能欣欣然享受與家人日夜相守的日子，這樣的生活讓我十分珍惜且不捨，女兒們的嬌笑嬉鬧讓這恬靜的生活又增加了幾分味道。在本書即將出版之際，回首顧盼，要感謝的人太多：尊敬的導師，慈愛的父母，友善的學長，親愛的理工男，以及我最心愛的兩個寶貝女兒。因為你們，我體會到生命的美好與向上的力量！感恩相遇！感恩相守！感謝命運！

　　由於水平所限，書中錯漏之處定然不少，敬請學界同仁、讀者諸君不吝指教。

董坤玉
2020 年初春